La sonrisa vertical

Colección de Erótica dirigida por Luis G. Berlanga

Libros de Mercedes Abad en Tusquets Editores

ANDANZAS

Felicidades conyugales
Soplando al viento
Sangre
Amigos y fantasmas

LA SONRISA VERTICAL

Ligeros libertinajes sabáticos

Mercedes Abad

Ligeros libertinajes sabáticos

VIII Premio La sonrisa vertical

1.ª edición: marzo de 1986
11.ª edición: febrero de 2008

© Mercedes Abad, 1986

Diseño de la colección: Clotet - Tusquets
Diseño de la cubierta: Álvaro Ardévol
Reservados todos los derechos de esta edición para
Tusquets Editores, S.A. - Cesare Cantù, 8 - 08023 Barcelona
www.tusquetseditores.com
ISBN: 978-84-7223-350-8
Depósito legal: B. 769-2008
Impresión: Reinbook Imprès, S.L.
Encuadernación: Reinbook
Impreso en España

Indice

P. 11 Malos tiempos para el absurdo
 o Las delicias de Onán

 23 Una mujer sorprendente

 39 Pascualino y los globos

 57 Pincho moruno

 73 Ligeros libertinajes sabáticos

 83 Dos socios inolvidables
 o El erotismo de la lógica

 95 Crucifixión del círculo

 109 Juego de niños

 123 Canapé frío

 131 Ese autismo tuyo tan peligroso

Al Mancillador

Malos tiempos para el absurdo o Las delicias de Onán

Todos recordaron durante mucho tiempo la conmoción que causó aquel acontecimiento, cuyo eco fue ampliado hasta la náusea por la prensa amarilla. Las opiniones se dividieron rápidamente en dos facciones opuestas. La primera condenaba a Bernabé Lahiguera mientras la segunda intentaba tener en cuenta las absurdas circunstancias en las que se produjo la muerte de Dolores de la Borbolla.

La mayoría de las personas que aseguran tener una dosis suficiente de sentido común —sin mencionar siquiera una cuestión tan necesaria en estos casos como el sentido del humor— no se preguntaron cómo puede razonablemente alojarse un tapón de champagne en una cavidad vaginal. Estaban convencidos de que se trataba de un caso claro de asesinato. Tras violación, naturalmente. Y todo dentro de los imprevisibles cauces de la lógica. Pero la vida no tuvo el buen gusto de detenerse ante semejante hipertrofia de consideraciones lógicas.

Tampoco cabía esperar que los miembros del jurado que condenó a Bernabé se sintieran, cuando menos, extrañados ante el inusitado método elegido por el supuesto asesino. ¿Acaso hay muchos criminales que muestren tan afrancesado refinamiento en el acto de matar? Sin embargo, la originalidad del procedimiento no constituyó atenuante alguno en el proceso judicial de Bernabé Lahiguera, cuyo apellido y el fatídico determinismo que implicaba no impidieron que se dictara una sentencia francamente adversa. Con obvia falta de imaginación, el fiscal declaró a Bernabé Lahiguera culpable de la violación y el asesinato de Dolores de la Borbolla.

Y el Absurdo debió sentirse especialmente pisoteado cuando oyó o le contaron más tarde —me inclino por la primera hipótesis, pues siempre se me ha antojado que el Absurdo goza del don de la ubicuidad— que el veredicto del jurado había sido VIOLACION Y ASESINATO: Eros y Tanatos, dos almas gemelas.

Pero permítanme ser indiscreta y preguntarles: si ustedes supieran que habían de ser asesinados en una noche cualquiera en un lugar cualquiera y por un motivo cualquiera, ya fuera éste vulgar o no, ¿no preferirían morir con champagne?

Lo cierto es que, fuera o no el champagne el instrumento de una voluntad asesina, es probable que Dolores no paladeara ni una triste gota de ese espumoso líquido que le asestó el golpe de gracia y le proporcionó un billete gratis para viajar, sin las incomodidades que sufrimos aquí en la tierra, a algún otro paraje donde es probable que ya esté contando a sus nuevas amistades los insólitos pormenores de su muerte.

Yo, periodista inquieta y ávida de veracidades, corrí en pos del testigo presencial y supuesto autor del fatídico descorchamiento de aquella botella de champagne. He aquí el relato que me hizo Bernabé; hélo aquí para quien desee aventurarse por los meandros de un asunto escabroso para unos y, para otros —entre los que me honra incluirme—, simplemente tragicómico y absurdo. Cedo pues la palabra a Bernabé.

«—¿Nata?
»—Sí, por favor, me encantaría.»

(Muy británico todo hasta el momento, muy *«Oh darling, would you like a cup of tea?» «Yes, please.»* Ningún rastro de voluntad homicida parece enturbiar la fiesta. En primer plano, casi primerísimo, aparecen dos objetos cuya identificación no ofrece dificultad alguna: se trata de un sexo femenino desnudo de todo artificio ocultador y de un falo en estado evidente de excitación. Ambos dialogan en paz; están solos y parecen entenderse bastante bien por ahora. La violencia debe andar muy lejos de este lugar.)

«Tras el signo de aquiescencia de Dolores, a quien en la intimidad yo solía llamar Lola, me incrusté lentamente en el pastel cilíndrico y me moví tímidamente al principio, como expectante; desconocía por completo aquella sensación. Luego seguí avanzando hasta sentirme totalmente abrazado por el bizcocho. Era un buen lugar para instalarse. El miembro se me puso muy duro. También Lola estaba excitada; vi cómo su sexo me hacía gestos en cuyo acolchamiento apuntaba ya la ansiedad pero yo preferí ahondar en aquella sensación agradablemente esponjosa y me restregué hasta que la punta de la verga sobresalió por el otro extremo del pastel, acompañada de un leve desprendimiento de nata. Un alud de nieve cayó en el suelo, muy cerca de la botella de champagne que en aquellos momentos todavía esperábamos saborear para celebrar la llegada del año nuevo. Perseveré en mi suave rotación, ceñido por el bizcocho cilíndrico y desafiando con un ritmo cada vez más rápido al sexo de Lola. Ella se acercaba juguetona, suave y lánguida, conteniendo la ansiedad de su vulva. La contraía, la relajaba y luego, como en uno de esos juegos de predecible final, la alejaba suavemente. Yo acepté el desafío aunque la penetración del pastel me absorbía hasta el punto de olvidar a Dolores.

»Era una noche amarilla, de estridencias secretas, de urgencias que iban tomando impulso, como si fueran a desmelenarse de un momento a otro en un triple salto mortal de imprevisibles consecuencias. Volví a esconder en el bizcocho la punta de mi falo para escamotearlo a la mirada ávida de Lola. Ignoro por qué inicié ese juego que ahora me culpa inevitablemente. Tal vez lo hiciera para empujar a Lola hacia un deseo frenético e insoportable de mi miembro o acaso para prorrogar ese goce deliciosamente vulgar de la cópula.

»Recuerdo que cerré los ojos, absorto en la delicada textura del bizcocho. Sentía cómo la nata desbordaba y me lamía los testículos, bajaba por mi entrepierna y chorreaba hasta llegar a mis pies. Tomé un poco de nata y me la restregué por todo el cuerpo hasta que ésta, como una lengua inmensa, me lamió entero. Dolores debió intuir que me hallaba al borde del estremecimiento final porque sus manos intentaron asirme, no recuerdo bien dónde. Tal vez tratara de tomar posesión de mi falo, pero éste se negó a abandonar la cavidad que tan bien lo envolvía y tanto placer le proporcionaba. Sé que aparté a Lola con brutalidad y que ella intentó acariciarme una vez más; se lo impedí con más violencia aún. Lola me cubrió de escupitajos y de insultos. Abrí los ojos y vi, muy cerca de mí, un rostro completamente desencajado y tenso, de mejillas febriles y ojos que amarilleaban de deseo: era un deseo vidrioso y áspero que me enardeció todavía más. Mi falo había perdido por completo la serenidad y le gritó a Lola que prefería el bizcocho, que nunca más volvería a follarla, que no la deseaba, que daba un asco inmenso su coño abierto y dilatado, babeante y sin misterio alguno. Llena de rabia, lloriqueante y maldiciendo, Lola me empujó y me hizo caer al suelo; el bizcocho y yo aterrizamos impertérritos y proseguimos nuestro juego, ajenos a una Lola que jadeaba y me cubría de improperios. Seguí moviendo culo y caderas y embistiendo el cilindro mágico con mi verga hasta que el placer convulso llegó y, en un portentoso arrebato, me cegó.

»Cuando volví a abrir los ojos y me incorporé, el bizcocho, hecho migajas, yacía entre el suelo y yo: mi polla lo había reventado en su frenético vaivén y ahora tan sólo era un amasijo informe de pastel, nata y esperma. Hundí mi lengua en aquella papilla y la recorrí entera a besos y lengüetazos hasta que en el suelo no quedó ni rastro del suculento festín: entonces me sentí como la mantis religiosa que devora a su amante tras el coito. Pero lejos de sentirme culpable, me dije que había sido un polvo diferente y memorable. Un polvo de archivo. Quedé echado boca abajo y me adormilé un rato, completamente extenuado.»

Dolores, Lola en la intimidad de Bernabé, Lola para los amigos, se hallaba lejos de compartir la opinión de su amante. Su rostro se agarrotaba en una mueca rígida y dolorosa. (Permítaseme aprovechar la pausa que en el relato impone el momentáneo descanso de Bernabé, descanso de guerrero, para aventurar las reacciones, no menos frenéticas, de la otra protagonista de la fiesta.)

Lola miró el reloj: eran ya más de las doce. El nuevo año había topado con un mal comienzo. Sin polvo, sin risas y sin champagne. ¿Sin champagne? ¿Por qué sin champagne? ¿Quién podía impedirle que bebiera el champagne? Bernabé dormía profundamente y la botella estaba a la espera de posibles gozadores de su contenido. Lola fue en busca de una copa y, todavía desnuda y ávida, empezó a descorchar la botella de champagne. Sin embargo, apenas había retirado el papel de estaño y los alambres que sujetaban el tapón, Dolores, Lola para los amigos, pensó que la botella podía tener otra utilidad, mucho más sugerente. Había leído cuentos sobre personas que se masturban con botellas y cuentos sobre botellas que se quedan tercamente incrustadas en los sexos de los masturbadores, pero eso no la intimidó. Empuñó la botella con tapón de corcho incluido y la introdujo en un sexo caliente y húmedo que agradeció inmediatamente la visita. Su vulva se movió sin recato alguno sobre el cuello de la botella, succionándola hacia dentro y expulsándola parcialmente luego; el sufrimiento quedaba atrás: aquel sucedáneo de la verga del traidor Bernabé funcionaba a la perfección y añadía el estímulo imaginativo de la novedad. Onán debe sentirse muy satisfecho al ver cómo se incrementan las filas de sus seguidores.

Aquí nuestro feliz durmiente vuelve a tomar las riendas del relato interrumpido por el sueño.

«Mis ojos se abrieron lentamente a la realidad exterior: sexo caliente, sexo que abraza un cuello de botella, danza del vientre, Lola poseída por el placer, Lola con los ojos cerrados, la boca sensualmente entreabierta y el cuello, delgado y hermoso, arqueado hacia atrás. Volví a excitarme. El pelo largo y sedoso de Lola caía sobre sus hombros, cubría su espalda y uno de sus senos. Quise lamerla entera, poseerla, desgañitarla en mis brazos. Me levanté e intenté arrebatarle la botella que sus piernas ceñían con fuerza. Pero mi irrupción en su placer no fue bien recibida. Ciega y enardecida de placer, Lola siguió jugando con la botella, aspirándola y escupiéndola con los movimientos de su coño; meneando vientre, culo, tetas y caderas a un ritmo cada vez más enloquecido; había sabido vengarse y prescindir de mi presencia. El orgasmo no estaba ya muy lejos. Supe que no aceptaría ningún gesto mío, de modo que me limité a gozarla visualmente. Hubo un momento en que todo su cuerpo se encabritó estremecido, palpitó como una bomba y exhaló gemidos de placer. No había concluido aún aquel paroxismo cuando algo muy extraño se produjo en el interior de Lola. Se oyó un ruido sordo, de estallido ahogado. Los ojos de Lola se abrieron súbitamente. Un grito le quedó colgado en los labios entreabiertos, todavía sensuales y tentadores. Mis ojos viajaron de su rostro al coño que había empezado a manar algo burbujeante, pero que no tenía el color del champagne: aquel líquido rojo formó un charco en el suelo. Y el charco se fue haciendo más y más grande hasta que Lola se desplomó y la botella cayó al suelo. Aterrado, vi que la botella ya no tenía tapón; muerto de miedo, constaté que la botella estaba vacía; completamente paralizado de pavor, me di cuenta de que Lola estaba muerta, muerta sobre un charco que olía a sangre y champagne. El tapón de la botella no aparecía por ninguna parte. Más tarde el médico forense lo extrajo de su vulva, destrozada tras el descorchamiento de la botella.»

Resulta difícil creer que nadie tomara en serio el relato de Bernabé Lahiguera; sin embargo, así fue. Tal vez porque condenar el champagne por homicidio habría sido una medida ciertamente impopular, y el Tribunal Supremo se habría visto obligado a hacer un montón de horas extraordinarias. En todo caso, he de advertirles que, pese a estar convencida de que Bernabé no miente, no quisiera yo que ni el champagne ni el placer onanista perdieran a ninguno de sus incondicionales.

Una mujer sorprendente
Relato gastronómico

Tiene el amor un variado repertorio de caprichos, entre los cuales la necesidad de constantes sorpresas es una fuente inagotable de trastornos pero también de afortunados resultados amatorios, si es que los amantes son capaces de satisfacer su mutua avidez de novedad y sorpresa. «Asómbrame» se susurran entre sí los más lúcidos, y ni ternura ni falsos romanticismos suelen visitarlos en tan solemne momento. Es de lamentar sin embargo que la capacidad de sorpresa no sea un bien infinito y derrochable y que la innovación en cuestiones amorosas se agote casi siempre demasiado pronto; entonces alborea el aburrimiento letal que inoculará a los amantes una extraña comezón de origen desconocido, una inquietud que tan sólo desaparecerá en presencia de la mismísima sorpresa. Y aunque la fauna humana no abunda precisamente en sujetos dotados de la capacidad de sorprender, son harto notables las excepciones que han jalonado la Historia. Verdaderos pozos sin fondo donde el asombro nos deleita sin desmayo.

La duquesa Pámfila de Castis era una de esas aves que tanto escasean y pasará sin duda alguna a la Historia como una mujer exquisitamente original, única y asombrosa por el ingenio que invirtió en la noble actividad de pasmar a cuantos la rodeaban. A pesar de haber sobrepasado ya la temible barrera de los cuarenta años, Pámfila no había perdido un ápice de su proverbial belleza; sabía además —porque su mente funcionaba tan bien como sus sentidos y sus encantos físicos— que no basta la hermosura del cuerpo para encandilar a un amante y obnubilarle la razón. Cultivó por ello su mente y aguzó pérfidamente el ingenio, arma a menudo más eficaz que unas buenas proporciones pectorales. Una larga experiencia corroboraba su conocimiento intuitivo de las leyes cambiantes y las tretas del amor.

Serafín, el cocinero de la duquesa, fiel servidor de la casa desde hacía mucho tiempo, se había convertido, con el paso de los años y una trayectoria gastronómica jalonada de un sinfín de aciertos y sorpresas, en un elemento imprescindible en la estrategia de seducción de Pámfila de Castis. La duquesa prestaba una atención desmedida a la composición de los manjares con los que agasajaba a sus amantes, puesto que abrigaba la firme convicción de que un festín exquisito, estéticamente bien urdido y sutilmente afrodisíaco, tiene el mágico poder de ocultar las arrugas de la anfitriona. Cuando Pámfila dejaba de amar a un hombre, o simplemente se hartaba de él, su acta de divorcio era terriblemente original: ese día, en lugar de invitar al amante en cuestión a degustar delicados manjares, ordenaba a Serafín que preparara un tosco puré de patatas y una butifarra descuidadamente cocinada. Como semejante extravagancia se había convertido ya en una sólida tradición, que cotilleos y amantes despechados habían difundido ampliamente, ningún hombre se llamaba a engaño cuando se encontraba ante la temida butifarra. Muchos de ellos ni siquiera probaban aquella fatídica comida y, silenciosos y cabizbajos, se alejaban de Pámfila, una mujer extraordinariamente original. Pero, por fortuna, las cosas no siempre se ajustaron a la rutina; un buen día, uno de los hombres despechados por vía de la comida significativa tuvo la feliz ocurrencia de propulsar butifarra y puré contra el rostro de Pámfila, quien, en lugar de enfurecerse y expulsarlo de su hogar, sonrió divertida ante tamaña osadía, se reconcilió inmediatamente con él y llamó a Serafín para que preparara una crema de cangrejos *à la parisienne*, lenguados al champagne y delicados hojaldres rellenos de frutas exóticas, todo ello acompañado con los mejores vinos y licores.

Serafín, a quien nunca había asustado la enorme responsabilidad de su misión en las cocinas de su ama y señora, cumplía su cometido con escrupulosidad de maníaco, seleccionaba el vino pertinente para cada uno de los amantes e inventaba nuevos platos, adecuados a los estados anímicos de la duquesa y a las diversas características de sus relaciones, siempre muy heterogéneas: comidas fuertes y muy sazonadas, ricas en contrastes y sabores agresivos para Sacha, el amante cosaco de la duquesa; cremas con grandes cantidades de licor para Arturo, el amante alcohólico y poeta; platos con mucho pathos para Bernardo, el amante psiquiatra...

Pero como el tiempo no perdona y Serafín había dejado muy atrás la edad del efebo de gloriosas piernas y mirada transparente y seráfica, Pámfila de Castis se había visto obligada, muy a pesar suyo, a contratar a un muchacho que hiciera las veces de pinche de cocina y se ocupara de aquellas tareas que exigen menos creatividad. Serafín quiso elegir personalmente a su ayudante; aquello disgustó a la señora, quien conocía de sobras las inclinaciones de Serafín y pensó que, si conseguía a un guapo muchacho, su rendimiento como cocinero correría el peligro de disminuir notablemente. A Pámfila siempre le había divertido tener un cocinero idumeo, pero ¿qué ocurriría ahora si Serafín se dejaba arrastrar por la tentación y pecaba con el pinche en la cocina? Horrorizada, la duquesa tuvo pesadillas en las que aparecían platos manchados de esperma, cremas mancilladas de orín y sudor, y postres ensangrentados. Pero su amor hacia Serafín la forzó a aceptar al pinche que éste había escogido: un golfillo de quince años, de origen incierto y que hasta entonces había robado más de una cartera. Si bien era cierto que la belleza de aquel golfo acabaría por complicar las cosas, Pámfila, que no carecía de buenos sentimientos, especialmente en lo referente a Serafín —del que estuvo enamorada platónicamente y en secreto durante muchos años—, pensó que lo más justo sería conceder a pinche y cocinero un período razonable de prueba; si ambos se mostraban dignos de confianza, no pondría objeción alguna a la presencia del muchacho. Ahora bien, la fortaleza es una virtud que abandona la carne cuando la tentación es grande, y el devoto cocinero no tardó muchos días en obedecer a la voz que desde lo más hondo de su ser le ordenaba poner sus manos sobre las nalguitas del muchacho. Pero, ¡ay!, aquella caricia no encontró predispuesto al cuerpo del chico y ni la perseverancia ni las mil y una picardías de Serafín lograron ablandar al golfillo, que también era hábil en el arte de zafarse de manos ajenas. Serafín no cejó en su empeño y el pinche tuvo que invertir creciente ingenio para resistir a tan tenaz asedio. En varias ocasiones el efebito contempló la posibilidad de largarse y dejar compuesto y sin novio al suspirante, pero el empleo como pinche y los ingresos que percibía resultaban demasiado tentadores para echarlo todo a rodar al menor contratiempo. Por ello Crispín —así se llamaba el muchacho— decidió perseverar en su actitud de fortaleza inexpugnable. Cada día era mayor su hastío ante la patética insistencia de Serafín y mientras cortaba pacientemente los ingredientes para las salsas exquisitas de Pámfila de Castis, ni un solo minuto dejaba Crispín de tramar astutas venganzas contra el viejo cocinero. Aunque el muchacho había practicado la prostitución en todas sus vertientes cuando vivía malamente en los barrios bajos de la ciudad, el lujoso ambiente que se respiraba en la mansión de la duquesa había hecho mella en él y lo había transformado hasta el punto de desear una vida honorable, como la que inocentemente suponía que llevaba la duquesa. Para colmo de males, el golfillo se había enamorado de Pámfila y sintió celos desgarradores al descubrir el afecto que ésta sentía por Serafín. La tragedia se iba gestando en la febril imaginación de Crispín: si lograba que Pámfila despidiera a Serafín, él quedaría al mando de las cocinas ducales y tal vez fuera ése el camino que le permitiría acceder algún día al corazón y a la región sacra de Pámfila de Castis. Incluso cabía imaginar que llegara a casarse con ella. Semejantes expectativas eran mucho más de lo que el muchacho hubiera podido soñar en la época en que los bolsillos ajenos y los catres de alquiler por horas constituían todo su paisaje vital. Casarse con una duquesa, que además era hermosa y lo había enamorado, sería un destino precioso para un niño de la inclusa, un expósito de nacimiento. Sí, quería seducir a aquella mujer maravillosa aunque para conseguirlo tuviera que sembrar cadáveres, empezando por el del odioso cocinero, y atacando más tarde al resto de la servidumbre. Sin embargo el muchacho tenía cierta sensibilidad y, pese a su brillante historial de golfillo, todo derramamiento de sangre le parecía estúpido siempre y cuando existiera otro procedimiento para conseguir los mismos fines, de modo que decidió desprestigiar a Serafín ante la duquesa antes de tomar medidas violentas. No tardó en ocurrírsele un sistema que se le antojó bastante eficaz: contaminaría los platos pulcramente preparados por Serafín con cáscaras de frutos secos, pelos, pedacitos de papel de periódico, pimienta y sal en exceso. El único obstáculo susceptible de poner en peligro el éxito de sus maquinaciones era la vista de lince de Serafín, pero el golfillo redimido sabía que sus nalguitas atraían tanto al viejo cocinero que con frecuencia su atención se desviaba de los platos humeantes y olorosos para prenderse de los montículos gemelos que tan violentamente codiciaba.

Quiso el destino que aquellos días Pámfila de Castis anduviera despistada y poco apetente: su último amante acaparaba toda su atención. Bocasto era un hombre de boca casta, o de casta boca si se prefiere, lo cual significa que ningún beso había rozado sus labios. No me atrevería yo a afirmar que Bocasto hubiera inventado esa historia en su afán de halagar el prurito de originalidad de la duquesa, pero sea como fuere, el asunto de la boca virgen de besos enardeció por completo a Pámfila quien, poseída por aquella obsesión, se creía una moderna Salomé. Las connotaciones bíblicas añadían interés y morbo a una relación que, de no ser así, tal vez la habría aburrido al poco tiempo, como solía ocurrir. La entrega a esta pasión disminuyó el apetito de la duquesa que apenas se fijaba en lo que ingería, tan absorta estaba en Bocasto. Y aunque durante unos días encontró muchos pelos y porquerías similares en el interior de sus platos, apenas se fijó en ello, diciéndose que tal vez Serafín tenía la regla y estaba pasando malos momentos. Tampoco Bocasto se dio cuenta de nada o, en todo caso, fingió que aquellos manjares con sobredosis de sal y pimienta le parecían absolutamente maravillosos. Así suele ser el amor, mentiroso y falso cual duro sevillano. Por fortuna, la pimienta y la sal son condimentos afrodisíacos, de manera que una circunstancia teóricamente adversa no hizo sino estimular el ardor de los amantes.

El pobre Crispín estaba perplejo. ¿Cómo era posible que aquella mujer con fama universal de *gourmet* pudiera tragarse semejantes bazofias? Desesperado y deseoso de que sus sabotajes gastronómicos no pasaran desapercibidos, el muchacho decidió desechar toda sutileza. ¡Ojalá tuviera poder para conseguir que aquellas cremas delicadas despidieran olores fétidos y que su sabor fuera comparable al del estiércol! Cuando se rindió por fin a la evidencia de que no poseía semejante talento, empezó a urdir nuevas tretas hasta que, un día de feliz recuerdo que permanecerá en su memoria toda la vida, encontró lo que había buscado durante tanto tiempo.

Era aquél un día muy especial para Pámfila de Castis: Bocasto le había prometido que le dejaría besarle la boca si lograba sorprenderlo haciendo algo terriblemente original. Pámfila pasó todo el día cavilando nuevas anécdotas, inventando divertidas mentiras acerca de su pasado, escribiendo chistes que intentaba memorizar y confeccionándose un atavío imaginativo que estuviera a la altura de la situación. Creía haberlo conseguido ya cuando le sobrevino una horrible depresión. Había vivido demasiado y sabía que en la vida no hay tantas sorpresas ni tantas cosas por inventar. Le pareció que todas las fuentes de su imaginación se habían secado para siempre y que en el fondo del pozo sólo quedaban residuos de agua putrefacta y restos de líquenes en estado de descomposición. Recordó entonces que un día, cuando aún era muy joven y creía que la sorpresa la acompañaría allá donde fuere, se había prometido a sí misma que se suicidaría en el preciso instante en que sintiera que lo que realmente constituía la savia y la razón misma de su existencia se había agotado. Ahora se le antojaba que ese momento tan temido había llegado y que nada podría ya salvarla de una muerte irremisible y muy cercana; incluso empezó a hacer cábalas sobre el método de suicidio que elegiría. Arrinconó la indumentaria que había preparado para la noche y se envolvió en una sábana para llorar un rato.

Cuando Bocasto llegó, tan puntual como de costumbre, encontró a Pámfila llorando amargamente y envuelta en una sábana blanca, como una virgen: sollozaba y murmuraba entrecortadamente un balbuceo ininteligible. Poco a poco, la presencia de su amante logró calmarla pero no quiso confesarle sus cuitas; le dijo simplemente que un error imperdonable de la criada había echado a perder su vestido favorito. Bocasto sonrió divertido ante la falta de proporción entre el llanto y la menudencia que lo había provocado, propuso que cenaran y llamó a Serafín. El viejo cocinero había invertido diez horas en la confección del menú para la cena.

Por supuesto, momentos antes de que Serafín sirviera los platos a los señores, Crispín, antiguo golfo y ahora soñador de altos destinos envueltos en cachemira y seda natural, tuvo una intervención gloriosa y a la vez deplorable al depositar cierta cosa de naturaleza misteriosa en la fuente de la ensalada de tuétanos. Le bastó un leve meneo de culo y caderas para atraer hacia sí la atención del cocinero; extraviados en las dulces nalgas del muchacho, los ojos de Serafín no pudieron percatarse del gesto letal que introducía en la ensaladera un objeto de tamaño inferior al de un dedo meñique. Fue un trabajo sorprendentemente limpio, sin chapuzas.

Si la duquesa hubiera dejado esa noche las puertas de su habitación abiertas, su querido y leal cocinero, Serafín para más señas, habría podido contemplar una escena conmovedora. Pámfila, todavía envuelta en la sábana blanca que la hace parecer virgen pero no por ello menos imaginativa, ha asido la nuca de Bocasto y la cubre de besos que lo recorren desde el nacimiento de la espalda, se detienen en sus orejas, descienden por el cuello, trepan por sus mandíbulas, se deslizan por sus mejillas tiñéndolas de arrebol, se posan en las aletas de la nariz, en los párpados lánguidamente cerrados, en la delicada frente y las sienes, bajan de nuevo por la nariz y se detienen finalmente ante una hermosa boca que nadie ha besado y que a nadie besó. Bocasto abre sensualmente la boca, se humedece los labios con la lengua, tensa el cuello y echa la cabeza hacia atrás. Pámfila se halla completamente enardecida, húmeda y estremecida de deseo. ¿Besará hoy esa boca? ¿Será ella quien se lleve el ansiado trofeo?

Súbitamente la duquesa decide que van a cenar inmediatamente y, envuelta en su lienzo, se dispone a servir la comida. La dignidad y la elegancia con las que lleva la sábana son incuestionables; con infinita gracia, ésta se entreabre un instante, un instante breve pero suficiente para que algo que se desplaza autónomamente abandone la ensaladera y se introduzca en el interior del atuendo improvisado de Pámfila de Castis que sirve la cena, pero cambia repentinamente de opinión con respecto a la naturaleza de su apetito y, como si respondiera a una urgencia erótica desesperada, le susurra a su amante que cenarán más tarde; se despoja lentamente de la sábana y aparece desnuda ante los ojos de Bocasto. Como éste conoce ya de memoria el cuerpo de la duquesa, su atención no tarda mucho en desplazarse de los pechos redondos, opulentos, con grandes pezones erectos, hacia un elemento novedoso que se agita en la entrepierna de la dama. Bocasto se aproxima un poco para contemplar de más cerca la sorpresa y descubre embelesado que, en los labios de la vulva, vulva ducal y con pedigrí, vulva de diosa, Pámfila luce un adorno singular: un escorpión de tamaño ligeramente inferior a un dedo meñique. Bocasto se extasía ante la gracia con la que el escorpión mueve su aguijón, y abre con delicadeza las piernas de su amada para apreciar mejor los detalles y las sutilezas de la operación. Luego alza un par de ojos llenos de sincera admiración hacia el rostro de Pámfila, rostro que en estos momentos se tiñe de auténtico orgullo, orgullo por poseer una vulva tan apetecible. A Bocasto no le cabe ya la menor duda; profundamente impresionado y ansioso ya de entregar a semejante portento de originalidad el premio prometido, le dice en un amoroso murmullo:

—Querida, siempre serás sorprendente.

Fue una lástima que el discurso de Bocasto quedara interrumpido en este punto; un alarido horrendo le impidió mostrar más efusivamente su admiración hacia una mujer ciertamente original.

El día del entierro de Pámfila de Castis, una duquesa nada vulgar, un golfillo redimido, un cocinero ya entrado en años y un hombre de casta boca lloraban amargamente. Bocasto se ahorcó por idiota. Serafín y Crispín se hicieron amantes.

Pascualino y los globos

No son éstos ni el momento ni el lugar adecuados para arrepentirme de mis pecados. Tengo por lo menos una buena razón para darme prisa y no caer en mi habitual y desmedida tendencia al erratismo discursivo. En este crucial momento en que toda una existencia se reviste de un último e irreversible sentido, casi bendigo a mi hado por haber tenido la feliz ocurrencia de proporcionarme una vida trivial y monótona. Porque, efectivamente, si mi vida no hubiera sido trivial, ahora me vería obligado a entretenerme en mil y un vericuetos para contarla y les aseguro que no tengo tiempo para detenerme en detalles ni en filigranas literarias. Me limitaré a construcciones gramaticalmente correctas y renunciaré a mis siempre prorrogados pruritos literarios debido a las adversas circunstancias que me oprimen en este mismísimo instante el alma y, lo que es peor, también el cuerpo.

Sí, señores, les ruego que me atiendan pues mi situación es francamente desesperada aunque quiero dejar constancia de que, pese a todo, no les pido socorro alguno, tan sólo un poco de atención. De todos modos y, como creo haber dicho ya, seré breve.

Tengo cincuenta y siete años y la idea de tener que recomponer mi vida tras haber llegado hasta el miserable punto donde ahora me hallo, se me antoja complicadísima y, sencillamente, les guste o no, me da una pereza inmensa. Además temo que por muchos esfuerzos que hiciera en esa dirección, me vería inevitablemente abocado al más estrepitoso fracaso. El motivo de mi pesimismo radica en la absoluta certeza de que voy a morir muy pronto, sin dilación. Es más, creo que ya estoy empezando. Juro que no estoy haciendo ningún tipo de comedia para llamar la atención, juro que lo mío es grave y que me queda muy poco tiempo ya en este valle de lágrimas. ¿Quieren que les diga lisa y llanamente cuál es el motivo de mi futura muerte? Pues, helo aquí sin más preámbulos.

Es posible que nunca hombre alguno se haya encontrado en una situación tan grotesca como la que ahora me abruma. Me encuentro echado boca arriba en una cama que no es la mía. Naturalmente, esto no sería excepcional si la cama en cuestión no perteneciera a una mujer de cuerpo superlativo, inmenso y blando, cuyo sexo estoy lamiendo. Para que yo pudiera llevar a cabo tan delicada misión, ha colocado la inmensidad sofocante que son sus nalgas sobre mi atribulado rostro. Desde el primer momento sospeché que me asfixiaría sin remedio; ahora, en cambio, la sospecha ha crecido hasta convertirse en ineludible certidumbre: me estoy asfixiando. El aire se ha enrarecido tanto que ya casi no puedo respirar: he aquí el motivo de mi prisa. Ustedes pensarán probablemente, y con toda la razón del mundo, que la solución a mi problema no deja de ser bastante banal y que me bastaría con abrir la boca y gritar: «¡Detente Daniela, por favor, que me ahogo!». Pero es ahí, precisamente ahí, donde está el meollo de la cuestión: cada vez que intento abrir la boca encima de la que Daniela restriega una y otra vez su vulva, la caricia involuntaria de mis labios le provoca más placer aún, con lo cual, su movimiento se hace más perentorio y el grado de mi asfixia aumenta notablemente. Por ello he decidido serenar mis ánimos y gozar de esta muerte lenta y elefantisíaca, amorrada a un sexo enorme que se me traga poco a poco y donde supongo que acabaré enteramente sumergido y con los pies colgando. Una excelente mortaja, sí señor. Y como al parecer el útero de esta mole humana, de esta catarata de carne succionadora, es lo suficientemente elástico como para albergarme enterito, es posible que la pobre no se enterara hasta unos días más tarde. Y yo ya estaría violeta y tieso, macerado en toda clase de jugos de globo gigante.

No querría de ninguna manera que se culpara a la pobre Daniela de mi muerte; ella no es más que el instrumento ciego e inconsciente de mi defunción. Que no recaiga pues la ira sobre ella porque fui yo, sí, yo, un hombre más bien raquítico y escuchimizado, quien la persiguió por toda la ciudad hasta conseguir, tras su inicial negativa, que se encatarara conmigo. Por consiguiente, la pobre tiene más alma de hermanita de la caridad que de sádica asesina.

He aquí los motivos que me impulsaron a los brazos y al coño de Daniela, a ese cuerpo incontenible, incompatible con sujetadores, bragas y fajas, cuerpo expansivo donde los haya, una deliciosa mole en la que hundirse, inhibirse de todo y morir. ¡Oh, Daniela, nunca sabrás cuánto te he buscado y cuánto te amo ahora, mi amor póstumo! ¡Mi última felicidad, tal vez la única!

La infancia suele ser el punto de inicio de toda frustración digna de llevar este nombre y la mía, es decir, la de Pascualino Fígaro La Pera, no constituyó excepción alguna. Creo haber dicho antes que mi vida entera ha sido absolutamente trivial, aunque tal vez la cosa habría sido muy diferente si no hubiera yo mostrado desde mis más tiernos años una lamentable falta de carácter. Mi primer amor serio, apasionado y profundo fue la literatura. Mi adolescencia sintió crecer una encomiable vocación de hombre de letras, pero desgraciadamente mi padre y mi madre no sólo juzgaron que la letra impresa era una ocupación muy poco rentable, sino que además ridiculizaron cruelmente mis pretensiones y se negaron a apoyar económicamente a quien ya imaginaban convertido en un bohemio empedernido. No tuve la fuerza suficiente para protestar, rebelarme y perseverar en mi empeño, a pesar de que mi fantasiosa abuela estaba dispuesta a ayudarme. Pero la imaginación de mi abuela no bastaba para financiar mi vida de artista ni mis estudios, de modo que opté por desentenderme de todo y prepararme para una profesión que ofreciera los codiciados frutos económicos a corto plazo. Elegí la banca por inercia y desidia, por debilidad de carácter y porque imaginé que semejante ocupación no presentaría excesivas complicaciones. Cualquier esfuerzo me intimidaba y me convertía en un ratoncillo asustado; cualquier dilema, por insignificante que fuera, me sumía en un pasmo depresivo que duraba semanas y semanas, hasta que conseguía que alguien decidiera por mí. Poco a poco descubrí que tal vez fuera éste mi mayor talento, porque efectivamente, siempre conseguía que alguien me protegiera y tomara las decisiones en mi lugar. Fui desarrollando el método hasta perfeccionarlo por completo. A partir de entonces mi vida se despojó aparentemente de angustias y ni siquiera yo parecía reprocharme íntimamente aquel alarde de debilidad y cobardía, indecisión y pereza. Mi apatía era total. Llegó un momento en que ni siquiera tenía que decidir cómo debía vestirme o dónde me apetecía pasar las vacaciones: delegaba siempre en otros la responsabilidad de la elección y me acomodaba a todo. Esa es una de las razones por las que me gané una bien merecida fama de sujeto tolerante y fácil de tratar. Nunca combatí opinión ajena alguna y jamás agredí a los demás con imposiciones. Yo constituía un comodín agradable en la vida de cualquiera. Y fue así cómo me granjeé un montón de amistades rápidas, superficiales y que nunca implicaron compromiso alguno. Hasta tal punto he sido dócil y obediente que mis padres no tuvieron problema alguno para abortar el gran amor de mi vida, mi fulminante pasión por una bailarina de *music hall*, una belleza escultural que me obligó a perder la cabeza y la castidad. Apenas conocieron mis padres mis proyectos de inmediato e irreflexivo casorio, se convocó una junta familiar donde se me hizo entrar en razón sin escuchar las airadas protestas de la abuela, firme partidaria del *amour fou*.

Una vez más y sin grandes lamentaciones, claudiqué y abandoné a mi monumental Matilde. Desde aquel infausto día, mi abuela, hasta entonces mi única cómplice en la vida, me negó el saludo y la palabra. Pocos segundos antes de expirar me dedicó un último insulto y sorprendió a toda la concurrencia con un portentoso: «¡Imbécil!». Fue la última palabra que pronunció. Pero tampoco esto surtió en mí el menor efecto, y mi abulia fue acrecentándose día a día sin que nada ni nadie se dignara repararla o ponerle cuando menos alguna que otra limitación.

Como pese a esa fisura fundamental de mi carácter nunca me ha faltado precisamente inteligencia, mi carrera en el mundo de la banca fue espectacular. Los jefes me cubrían de todo tipo de alabanzas y felicitaciones por la eficacia y la brillantez de mi trabajo. Juro que yo no hice jamás esfuerzo alguno: me limitaba a cumplir las órdenes que se me daba sin tomar iniciativa alguna. Pero en el mundo de la banca resultan útiles los peones-pelele, hombres silenciosos, desprovistos de la más nimia sombra de una idea y convenientemente discretos y eficaces en su trabajo. Así fue cómo ascendí rápidamente hasta convertirme, a mis veintipocos años, en director de un prestigioso banco del país. ¿Lindo, verdad? Cualquier otro menos lúcido que yo se habría sentido terriblemente halagado y reafirmado en su personalidad, pero, para mí, aquella serie de vertiginosos ascensos hacia la cumbre representó más bien un incordio, sin llegar toda vez al rango de *vía crucis* puesto que cuanto más alto trepaba, menos decisiones vitales dependían de mí. Logré que mis subordinados, cuyo número crecía con el tiempo, se repartieran las responsabilidades y las tareas de decisión y, de ese modo, gané el afecto incondicional de todos ellos. Lo crean o no, me tenían por un jefe democrático que intentaba hacer partícipes a todos, portero del edificio incluido, de las decisiones más nimias. Y seguí subiendo sin tropiezos, sin que ninguna traba viniera a dificultar mi ascensión. Supongo que los obstáculos debían intuir que conmigo no había guerra posible, que me doblegaría siempre y que de esa manera el juego habría sido bastante aburrido.

Un buen día, inmerso en mi sempiterna abulia, conocí a una francesita chic que seguía con impecable buen gusto los dictados de la moda indumentaria parisina, pero carecía totalmente de imaginación. Sin embargo, tuvo la delicadeza y el buen gusto —otra vez— de llamarse Albertine, lo cual le valió un brillante matrimonio con el director de un banco prestigioso del país, o sea yo, es decir Pascualino Fígaro La Pera. Aquí reconozco que les debo a ustedes una pequeña explicación. Si el nombre de Albertine fue para mí determinante a la hora de pedirle que se casara conmigo fue porque Proust es mi escritor favorito y, al oír el nombre de la francesita, recordé el volumen de *La recherche* titulado *Albertina desaparecida*. Y Albertine no volvió a desaparecer de mi vida. Yo la había encontrado y conmigo se quedó, mal que me pese, aunque ahora me pese más Daniela que se enardece, que se bambolea en toda su mole, que me asfixia lentamente, que me devora con su coño, que me da el golpe de gracia, que me separa brutalmente de Albertine y del banco, de mis subalternos y de mis hijos. Sí, amigos, cometí el error de creer que el matrimonio con alguien llamado Albertine habría de ser a la fuerza transitorio. Pero literatura y vida no quisieron confundirse en mi caso, y Albertine, mi mujer hasta esta tarde, no desapareció nunca, pese a su inicial alarde de buen gusto francés; le faltó imaginación. Hasta para desaparecer del mapa hace falta una buena dosis de imaginación.

Sin embargo, durante mucho tiempo tuve la sensación de que la quería lo suficiente, o tal vez debería decir que, pese a lo mucho que me incordió su presencia en mi vida al cabo de unos pocos años de matrimonio, o sea de aburrida vida conyugal, nunca reuní la fuerza necesaria para plantearme a mí mismo una posible ruptura con aquella mujer completamente idiota. Nunca confesé a nadie mis verdaderos sentimientos acerca de mi vida íntima y mi trabajo, y, si he de ser franco, prefería no repetírmelo demasiado a mí mismo. Si aquella sensación desagradable hubiera llegado a convertirse en manía obsesiva, me habría visto obligado a tomar una decisión al respecto, y eso era lo peor que podía sucederme. Opté por adaptarme como pudiera a aquel tinglado. Y eso fue lo que hice. Al cabo de un tiempo, ni siquiera me acometían ya los antiguos accesos de angustia claustrofóbica y me conformé aparentemente con mi próspero destino de banquero exitoso y orgulloso padre de familia. En pocas palabras, era lo que suele llamarse un hombre ejemplar al que ningún fisco tenía nada que reclamar. Sólo mi abuela habría podido reprocharme algo, pero aquella voz de mi conciencia había muerto años atrás. A los cuarenta y tantos años, el panorama que se desarrollaba ante mi vista era plenamente satisfactorio; pocos esfuerzos tendría que llevar a cabo a partir de entonces. Creo que lo más complicado que he hecho en toda mi vida ha sido lamerle el coño a esta mole de mujer que aún se afana encima de mí robándome oxígeno.

Mis hijos habían crecido y siempre me dieron motivos para enorgullecerme de ellos; el mayor, profundo admirador de su padre, siguió mis pasos pero con la sutil diferencia de que lo hizo por voluntad propia y para triunfar en el mundo de los negocios, y el segundo, tan imaginativo como el anterior —ambos habían heredado las virtudes de su madre—, se lanzó a una brillante carrera de economista. En cuanto a la menor, una niña tan agraciada físicamente como su madre, no se le ocurrió nada mejor que casarse con un apuesto millonario a la tierna edad de diecisiete años y empezar a criar un montón de hijos a partir de los dieciocho.

Lo soporté todo sin un solo suspiro.

Ni siquiera intuí que la cosa acabaría en hartazgo repentino, en estallido de repudio hacia todo y hacia todos, pero así fue. Ocurrió inesperadamente sin que siquiera me lo hubiera planteado seriamente.

Fue el día de mi cincuenta y siete cumpleaños. Me levanté temprano, como en un día cualquiera, y acudí al banco. Todo olía a la misma trivial normalidad de todos los días. Todos los días y cada uno de ellos. Veinte mil ochocientos cinco días de abulia y tontería. De repente aquella rutina se me antojó el más complicado de los esfuerzos habidos y por haber.

Omitiré la descripción de las caras que saludaron con mal disimulada estupefacción mi dimisión como director de aquel prestigioso banco. No fui prolijo en explicaciones.

Aquella tarde, y por primera vez en mi vida, sentí que la abulia cedía terreno a un cosquilleo de felicidad en las aletas de la nariz, como si la fórmula química del aire que respiraba hubiera cambiado sustancialmente.

En mi casa me esperaba una fiesta sorpresa de cumpleaños preparada por mi inocente Albertine; había tenido la feliz ocurrencia de invitar a todos nuestros amigos, sin olvidar a uno solo. Al principio pensé en escabullirme y dejarlos sin homenajeado, pero el recuerdo de mi pasada abulia me detuvo en seco. Aparecí en el salón vitoreado por un concierto de tapones de champagne descorchados y de brindis eufóricos. Fingí participar en aquella comedia, pero la alegría ni siquiera me rozaba los dedos de los pies; aquel espectáculo histeroide me enfurecía. Hacia el final de la velada, uno de mis más íntimos amigos se acercó a felicitarme por el nacimiento de mi nuevo nieto y por el meteórico ascenso de mi hijo mayor en el mundo de la banca.

—Debes sentirte muy orgulloso —me dijo.

—¿Orgulloso, dices? —contesté yo—, ¿orgulloso de qué? ¿Orgulloso de haber malgastado mi vida en pamplinas, orgulloso por haberme casado con una idiota u orgulloso por haber engendrado a los tres hijos más gilipollas que nunca hayan hollado esta tierra? ¿Qué supones que debería enorgullecerme? ¿Tal vez la cara de imbécil irredenta que pone mi mujer al escucharme? ¡Necia, más que necia! —le grité a una Albertine cuyo rostro se desencajaba por momentos—. Por cierto querida, he presentado mi dimisión en el banco y he rechazado toda indemnización económica. A partir de ahora eres una mujer separada y pobre, además de idiota perdida. Lindo, ¿eh?

Lo último que oí fue el crujir del malestar de la concurrencia, las bocas que empezaban a cerrarse y un murmullo de sorpresa cuando me dirigí hacia la puerta y abandoné el dulce nidito para siempre jamás. Más tarde, aquellos ruidos cedieron paso a una voz conocida que me susurraba admirada:

—¡Lo hiciste Pascualino, lo hiciste, sabía que reaccionarías un día u otro, siempre lo supe, alabado sea Dios!

—Sí, abuela —repliqué— no tuve más remedio. ¿Has visto sus caras? ¿Has visto cómo me miraba la mujer más tonta del mundo? ¡Oh abuela, Albertine no desapareció, pero desapareció Pascualino! ¿Y sabes lo mejor de todo? Pues que no me ha dado ninguna pereza. Tomar esta decisión ha sido un juego de niños, tan simple, tan limpio y contundente...

Por fin me sentía libre de actuar a mis anchas y dar rienda suelta a mis deseos, mis maltratados y poco escuchados deseos. Como aquél que me acompañaba desde mi más temprana adolescencia, aquel extraño y reprimido deseo de abrazar el cuerpo de una obesa, de un globo humano. En mis sueños nocturnos, aquella obsesión había vuelto una y otra vez con creciente frecuencia. Y ahora era el momento adecuado para realizarlo y follar con un globo fláccido y seboso.

Paseé por las calles en busca del codiciado objeto de mi deseo, pero tardé bastante en encontrar exactamente lo que quería. Abundaban las mujeres entradas en carne y macizonas, pero lo que yo deseaba era un amasijo monumental de carnes blandas para hundirme en él y olvidar todo lo demás. Di vueltas y más vueltas y, cuando ya empezaba a desanimarme, surgió tras una discreta esquina uno de esos gigantescos globos andantes; se desplazaba pesadamente como maldiciendo a cada paso debido a aquel exceso de carnes. Era absolutamente exuberante. Ansioso y excitado, sin poder reprimir un instante más mi obsesión, me precipité sobre el globo; la mujer profirió un grito aterrado y se puso a correr, en un desesperado intento de esquivarme. Pero una imperiosa llamada me impulsó de nuevo hacia ella: me excitaba el apresurado movimiento de la cascada de carne que eran sus hiperbólicas nalgas; se montaban la una sobre la otra, estrujándose entre sí. Yo alargué la mano hacia esas anheladas montañas, y la mujer globo, seriamente asustada ante lo que debía parecer la agresión de un psicópata, entró en una cafetería. Ni corto ni perezoso, la seguí hasta el interior del local: ¡carne, carne!

Cuando el globo se sentó, me apresuré a abordarla y me senté a su lado; la emoción prestaba alas a mi discurso, casi como ahora, pero con más oxígeno, infinitamente más. La retuve con un caudal ininterrumpido de palabras que la obnubilaron. Tan asombrada estaba ante semejante manifestación pasional que ni siquiera osó parpadear y, cuando llegó el camarero a preguntarnos si deseábamos algo, el globo permaneció mudo y estupefacto. Era probable que nunca le hubieran declarado una pasión tan fulminante. Creo que hablé durante tres o cuatro horas seguidas sin concederle una sola frase; ni siquiera pudo decirme su nombre.

Más tarde, ya en su apartamento, descubrí que se llamaba Daniela y eso por casualidad. Mis palabras la habían halagado tanto que acabó cediendo a mis frenéticos ruegos. Mi placer llegó pronto. Apenas se hubo desnudado, un estremecimiento me sacudió desde la raíz de los cabellos hasta la punta de los pies, y eyaculé. Algunas gotas de esperma fueron a estrellarse blandamente en sus carnes. El segundo orgasmo sobrevino en cuanto toqué aquella inmensidad fláccida y temblorosa. El tacto blando y viscoso de su cuerpo me sumió en un trance del cual no creo haberme recuperado ni creo ya que lo haga. ¿Por qué tendría que hacerlo? ¿Qué placer podría proporcionarme recomponer mi vida ahora que he saboreado el más punzante e intenso de los goces, ahora que he vivido la más plena y auténtica felicidad? Me siento absolutamente incapaz de abandonar ahora este carnoso sepulcro. Será preferible que me engulla, que me ahogue y que el golpe de gracia final me sorprenda entre sus nalgas, bajo su coño. ¡Oh Daniela, mi ángel exterminador, mi asfixiante globo humano!

Ahora que me queda muy poca energía, pues mi ahogo se consuma poco a poco, aún me extasío palpando mi flan, a mi obesa perturbadora. ¡No la culpen de mi muerte, no la culpen, yo sabía lo que hacía, yo lo quise, yo muero en trance, en estado de gracia, gozando como nunca lo hice!

Pincho moruno

Anochecía ya a mi llegada al castillo de Sir Adolph Vaine-Haze, una propiedad situada en el condado de York, a unos cincuenta kilómetros de la costa Este de Inglaterra. El castillo, construido en el siglo XVIII por John Vanbrugh, un arquitecto fiel a los preceptos del clasicismo, carecía del lujo de las edificaciones de la época del rey Jaime y tenía todo el aspecto de una mansión privada.

Si bien mi misión en aquel lugar no era otra que la de tramitar la venta del castillo a un amigo mío muy querido, Lord Alfred Campbell, no me faltaban motivos de índole personal para alejarme unos días de Londres; en aquella ciudad el aburrimiento había alcanzado cotas alarmantes y mi imaginación, irritada, me cubría de constantes e interminables reproches contra los que nada tenía yo que alegar. Por ello pensé que un viaje de tan inciertas perspectivas podía convertirse en un eficaz antídoto contra el tedio. Afortunadamente, no tardaría mucho en descubrir que no me equivocaba.

En Northallerton, la ciudad donde concluía mi recorrido en ferrocarril. Sir Adolph me sedujo por vez primera; había tenido la feliz ocurrencia de enviar un carruaje a buscarme a la estación y conducirme hasta el castillo. Aunque el viaje en aquel vehículo repercutió de manera harto nefasta en mi anatomía, habituada al suave discurrir de los automóviles modernos, agradecí la cortesía de mi anfitrión, un hombre cuya excentricidad era bien conocida por algunos de mis amigos. Como las ventanas del carruaje estaban revestidas por dentro con terciopelo negro no pude extasiarme en la contemplación del paisaje ni hacer cábala alguna sobre la velocidad a la que se desplazaba aquella anticualla, pero a juzgar por el lamentable estado en que quedaron mis riñones y mi columna vertebral, juraría que fue meteórica.

Fue Sir Adolph en persona quien vino a recibirme a la puerta del castillo; era un hombre de exótica belleza y bien entrado ya en la cuarentena, de nariz aguileña, ojos negros, muy oblicuos y brillantes, y pómulos extraordinariamente salientes. Más que su hermosura, me sorprendió lo curioso de su atavío: vestía una larga túnica blanca, y sus pies estaban completamente desnudos; el único adorno que lucía era un turbante, también blanco, que envolvía su cabeza.

Sir Adolph me hizo pasar a una sala inmensa, amueblada tan sólo con divanes y otomanas; en el suelo de la estancia había una gran cantidad de cestos repletos de frutas cuyo olor predisponía a la intimidad.

Un leve gesto de cabeza de Sir Adolph bastó para que su criado nos dejara a solas. Mientras nos sentábamos e iniciábamos una conversación ciertamente trivial pero relajante, noté que Sir Adolph miraba mi boca con extraña insistencia; de sus ojos emanaba una corriente de sensualidad a la que no pude sentirme ajena; me estremecí mientras su mirada acariciaba mis labios. Al advertir mi turbación, Sir Adolph cogió uno de los canastos, eligió un higo grande y maduro y lo acercó a mi boca. El higo estaba en la palma de su mano, tendida hacia mí en actitud invitadora. Sir Adolph se limitó a mirarme intensamente, sin pronunciar palabra. Me fascinaba aquel hombre, pero dudé unos instantes.

Cuando por fin llevé mi boca a la fruta, Sir Adolph retiró bruscamente su mano y, ante mis labios todavía entreabiertos, cerró el puño sobre la fruta; los hilillos rojos de carne de higo desbordaron entre sus dedos. Sir Adolph volvió a abrir la mano y hundió su boca en aquel mejunje. Estábamos tan cerca el uno del otro que el olor de su aliento confundido con el de la fruta llegó hasta mí y me transtornó. El me miró y pareció verme por dentro, entera y desnuda; era como si yo jamás pudiera tener un secreto para aquel hombre. Sin apenas conocerme sabía más de mí que cualquiera de mis amigos.

—No debes dudar nunca ante el placer, o el placer se burlará de ti si se le antoja —murmuró Sir Adolph todavía muy cerca de mí—. Si lo rechazas, es posible que tarde en volver a insinuarse, querida. Aquí, en este lugar rodeado de campos y bosques, nuestros placeres son muy diferentes a los que se gozan en las grandes ciudades y mucho más simples también; no debes tener miedo. La fruta te tentó pero dudaste; sé que tu vacilación duró apenas unos instantes, pero cuando por fin quisiste, el placer se burló de ti; recuérdalo la próxima vez.

Tras estas palabras, Sir Adolph llamó a su criado y le ordenó que me condujera a mis habitaciones.

Aquella noche también Morfeo se burló de mí; di vueltas y más vueltas en la cama sin que el placer del sueño me rozara siquiera. Mi cuerpo estaba tan tenso y anhelante que temí que fuera a estallar: el simple contacto con las sábanas me enardecía y las imágenes que acudían a mi mente me sumergían en un estado de insoportable embriaguez. Tambaleante y sudorosa, me levanté de mi lecho, decidida a correr en pos del causante de mis ardores. En mi delirio, recorrí un sinfín de corredores y habitaciones que destilaban densos aromas de frutas maduras. Cerca de una hora tardé en explorar el castillo palmo a palmo, pero ni Sir Adolph ni su criado aparecieron por parte alguna. Era evidente que ninguno de los dos se hallaba en sus aposentos. Pero ¿dónde entonces? Me dije que sólo quedaba una posibilidad y, venciendo mi temor a cometer una indiscreción, salí al jardín. Mis pasos en los senderos que bordeaban árboles y macizos de flores fueron los únicos que quebrantaron el silencio de aquel lugar. La oscuridad y el frío acabaron pronto con mi búsqueda; estaba segura sin embargo de que tampoco allí había nadie.

Con los nervios atenazados y completamente aterida, me desplomé en un banco de piedra situado frente a la fachada posterior del edificio; las ventanas me hacían guiños burlones, como si sólo ellas pudieran revelarme el paradero de Sir Adolph. Estuve un rato allí sentada, con la esperanza, cada vez más lejana, de que el frío apagara mis sentidos. Una lluvia incipiente empezaba a humedecer mis cabellos cuando el azar guió mi mirada hacia una pequeña puerta lateral, parcialmente oculta bajo una espesa mata de hiedras trepadoras y casualmente entreabierta en aquellos momentos.

El corazón me dio un vuelco y nuevamente mi respiración se volvió entrecortada y jadeante; me ardían los ojos y los labios y apenas podía controlar mis temblores. Ya en el umbral de la puerta, percibí una luz tenue al final de un largo pasillo y supe que no andaba desencaminada. El corredor me condujo a una gran sala abovedada y húmeda en cuyo extremo había una escalera de caracol. Me fui hundiendo sigilosamente en la progresiva oscuridad de la escalera hasta llegar a otra sala parecida a la anterior e iluminada tan sólo con la luz de cuatro candelabros. Mi mirada se detuvo en una puerta a través de la cual penetraba una luz más intensa. Agucé mis oídos y creí oír murmullos de agua que llegaban a mí, acolchados y tenues. Avancé hasta la puerta y desde allí percibí más nítidamente aquel ruido líquido; luego asomé cautelosamente la cabeza; lo que vi superaba con creces mis más brillantes fantasías. En el centro de una habitación grandiosa y ciertamente bella, con columnatas y arcadas donde ardían las llamas de más de un centenar de antorchas y con las paredes ricamente adornadas con zócalos de alicatado y yeserías, había una inmensa piscina iluminada desde su interior con luces azuladas. En el borde de la piscina, arrodillado, completamente desnudo y con su cabeza rasurada al descubierto, se hallaba Sir Adolph; su criado aguardaba en el interior de la piscina, inmerso en sus aguas hasta la cintura. Alrededor de la piscina había un sinfín de cestos llenos de comida.

Al principio la actitud de los dos hombres me pareció simplemente desconcertante; sus cuerpos no se rozaban y nada en sus gestos indicaba que existiera un vínculo erótico entre ellos. Mantenían las cabezas gachas y los ojos cerrados; de sus bocas salía un murmullo monótono, como si se hallaran absortos en una oración de acción de gracias. De sus semblantes se desprendía la gravedad y la concentración de quien se entrega a algún extraño ritual. Entonces Sir Adolph levantó la cabeza, abrió los ojos, tomó un puñado de algo que parecía carne picada y empezó a restregarlo suave y rítmicamente por su miembro. Sin hacerse rogar, la verga cobró impulso e inició una rápida ascensión en cuyo punto crucial Sir Adolph cogió varios higos y los fue engarzando en su miembro erecto hasta ocultarlo por completo a mi mirada. Con creciente estupor, vi cómo el criado se inclinaba ligeramente sobre la verga de Sir Adolph y comía los frutos que le tendía su amo. Mientras el criado se alimentaba de esa guisa, Sir Adolph inició una serie de movimientos rotatorios con sus caderas al tiempo que se acariciaba las nalgas y los muslos. La luz oscilante de las antorchas danzaba en sombras de reflejos cobrizos sobre los dos cuerpos absortos en aquel extraño ágape y los cubría de fuego.

Mis dedos se adentraron en una vulva ardiente y húmeda para prolongar desde allí los mágicos hilos que unían al amo y al sirviente. Sospecho que debí gemir de manera ostensible cuando el placer me anegó porque hubo un momento en que Sir Adolph detuvo su movimiento y pareció dispuesto a girarse y buscar con la mirada el origen de algún ruido desconocido. Temerosa de ser descubierta, estuve a punto de esconderme, pero al ver que Sir Adolph dirigía de nuevo toda su atención hacia la degustación del criado, respiré aliviada y seguí observando.

El criado no rozaba siquiera el miembro de su señor, pero bajo la boca hambrienta y la lengua que chupaban y devoraban los higos, la verga, dura y embadurnada de rojo, temblaba de evidente placer; cada uno de sus estremecimientos encontraba un eco cómplice en mi interior. Habría querido apresar aquel hermoso miembro en mi vagina, lamerlo y succionarlo con las contracciones de mi carne hasta lograr que se derramara dentro de mí.

Pero no fue mi vagina quien recibió el esperma aquella noche; cuando la eyaculación de Sir Adolph llegó, una boca, todavía roja de higos, engulló todo aquel postre sin dejar que se escapara una sola gota.

El espectáculo había concluido: Sir Adolph se levantó, se vistió nuevamente con su túnica y se acercó a la puerta tras la que me hallaba oculta; pasó tan cerca de mí que tuve que contener la respiración para no ser oída.

De regreso a mis habitaciones un sueño agitado y salpicado de imágenes profundamente turbadoras se apoderó de mí; cuando desperté, apenas tres horas más tarde, recordaba vívidamente las escenas entrevistas en mis sueños: bocas voraces trepando por mástiles enhiestos y disputándose a dentelladas enormes pedazos de carne cruda, corros de vergas rodeando platos de comida bañados en esperma y multitudes de cuerpos revolcándose en piscinas rebosantes de cremas espesas y burbujeantes.

Al mirarme en el espejo, observé que el estado de mi rostro no podía ser más lamentable; estaba demacrada y ojerosa y mi mirada era digna de una auténtica posesa. Entonces tomé una firme resolución; aquel día almorzaría «en compañía» de Sir Adolph; lamería, besaría, mordería y masticaría todos los alimentos que él quisiera ofrecerme. De manera casi inmediata el hambre empezó a producir una agradable comezón en mi estómago.

Bajé al salón donde habíamos conversado la noche anterior y encontré a Sir Adolph leyendo en uno de los divanes; me saludó con una larga e intensa mirada y propuso que diéramos juntos un paseo de inspección por la mansión y sus alrededores; de esa forma podría yo conocer las peculiaridades del lugar antes de entrar en los pormenores de la operación de venta a mi amigo Lord Alfred. Sonreí para mis adentros al pensar que yo ya conocía, sin que Sir Adolph lo supiera, el aspecto más «interesante» de la vida del castillo.

En mi impaciencia por bajar a los sótanos, me fue absolutamente imposible retener imagen mental alguna de cuanto vi y oí durante nuestro recorrido por el castillo; soporté las largas explicaciones de mi anfitrión sobre mil y un detalles arquitectónicos como si del más infernal de los martirios se tratara. En algún momento llegué incluso a pensar que Sir Adolph había descubierto mi presencia furtiva de la noche anterior y que ahora se complacía irritando mis nervios.

Cuando mi resistencia se hallaba al borde del desmayo, Sir Adolph me informó por fin de la existencia de aquel bendito piso inferior y, mirándome fijamente con una expresión juguetona que se me antojó insidia pura, sugirió que bajáramos.

Mientras descendíamos lentamente por la escalera de caracol, iluminados por el haz de luz de una antorcha que portaba Sir Adolph, la humedad de la atmósfera fue ensalivando suavemente mi piel. Al llegar abajo estaba completamente empapada y traspuesta; el cuerpo de Sir

Adolph emitía constantes corrientes de feroz sensualidad y la atmósfera cálida y enrarecida del sótano reforzaba una complicidad preexistente entre nosotros.

Sir Adolph me condujo a la sala en cuyo centro se encontraba la piscina y, tomándome suavemente por los hombros, me llevó hasta un rincón donde había un ataúd negro lleno de carne picada; junto a él se alineaban varios cestos que contenían toda clase de frutas. Mientras miraba aquellos instrumentos del placer de Sir Adolph, sentí cómo su mirada se deslizaba por mi nuca, mi cuello y mis hombros; me volví hacia él para dejarme devorar por sus ojos, brillantes, húmedos y lascivos. Sir Adolph se despojó muy lentamente de su turbante y su túnica y, sin dejar de envolverme con su mirada, me quitó el vestido. Entonces se arrodilló ante mí y, tras separarme delicadamente las piernas, me bajó las bragas con dientes y lengua. Su boca se hundió en mi sexo tan vorazmente que parecía que quisiera engullirlo; me recorrió entera sorbiendo mis jugos y escupiéndome su propia saliva para recogerla después con la lengua. Me lamía acompasadamente, en un vaivén suave unas veces y violento otras, sin olvidar un solo recoveco de mi vulva. Empezaba yo a contraer todo el sexo en torno a su lengua en un intento de atraparla y aspirarla hasta lo más hondo de mis entrañas, cuando él, renuente a que alcanzara tan pronto el placer, retiró la lengua, se levantó, me tendió de espaldas en el ataúd y, tomando un puñado de carne cruda, la restregó por todo mi cuerpo y llenó mi vulva con ella. La textura de la carne era agradablemente esponjosa y resbaladiza; intenté hundirme más en el ataúd para que el abrazo fuera completo.

Sir Adolph tomó entonces un puñado de higos y me pidió que los engarzara en su verga; me ensalivé la mano y masturbé aquel miembro magnífico, duro y reluciente de deseo mientras encajaba el higo en su prepucio y lo teñía de pulpa rojiza. Vestí su polla de higos pero dejé que asomara el prepucio para sentir su roce contra mi carne. Luego hice que se sentara encima de mí; restregó sus nalgas y sus testículos contra mis pechos al tiempo que yo chupaba y pellizcaba suavemente aquel prepucio que apuntaba desafiante hacia mi boca.

Cuando el miembro empezó a temblar visiblemente, Sir Adolph se sentó encima del ataúd y, ayudándome a incorporarme para que también yo pudiera gozar al ver la penetración, me colocó encima de su pubis e introdujo la punta de su falo en mi vulva. Me taladraba lentamente, hundiendo la polla tan sólo unos milímetros a cada movimiento. Yo disfrutaba contemplando la suave penetración de aquella polla enorme, disfrazada de árbol frutal, y meneaba impaciente mis caderas; ansiaba que se clavara en lo más recóndito de mi cuerpo.

Cada vez que la verga de Sir Adolph se hincaba un poco más hondamente en mi sexo, la carne picada se desplazaba en mi interior y acariciaba mi coño como una lengua inmensa y viscosa. También los higos, al reventar dentro de mí uno por uno, se mezclaban con la masa de carne y mi propia humedad y formaban un magma que me lamía y arrancaba de mi interior un concierto de sensaciones nuevas y placenteras.

Cuando los movimientos de Sir Adolph se tornaron más perentorios, la papilla de higos y carne adquirió una textura más cremosa; el miembro trituraba los alimentos con envidiable eficacia y arremetía con más fuerza a cada embestida. Sin apenas cejar en sus acometidas, Sir Adolph tomó con ambas manos una parte de la crema viscosa que ya desbordaba de mi coño y empezaba a deslizarse por nuestros muslos y me untó con ella el cuello, los hombros y los pechos. Mientras él me lamía, sentí que mi placer llegaba a pasos agigantados y aceleré el ritmo de mis caderas para unirme a Sir Adolph en el estallido final. También su polla intensificó el frenesí del galope.

Entonces una portentosa vorágine sacudió mi cuerpo e hizo brincar mi coño con violentas contracciones; Sir Adolph se sumó a mi placer, y su leche, al derramarse, inyectó de líquido caliente todo mi sexo; estaba tan llena que habría podido reventar.

Ambos caímos exhaustos el uno encima del otro, con nuestros cuerpos embadurnados y enroscados como lianas; despedíamos un fuerte olor a frutas maduras.

Aquel encuentro no sería sino el principio de una larga serie —todavía inconclusa— de días febriles que prolongaron mi estancia en el castillo mucho más tiempo del previsto.

Me vi incluso obligada a escribir a mi queridísimo amigo Lord Alfred Campbell una larga misiva convenientemente impregnada de sentimientos de culpabilidad y destinada a notificarle que se había quedado compuesto y sin castillo; lo adquirí yo misma como regalo de bodas para Adolph; hacía ya mucho tiempo que las deudas envenenaban sus finanzas. Algunos meses más tarde, Adolph y yo contraíamos matrimonio y ahora, dos años después del acontecimiento, la única nube que planea sobre nuestra felicidad es la amenaza constante de una fuerte indigestión.

Ligeros libertinajes sabáticos

Todos los sábados la señora Johnson organizaba una fiesta deliciosa.

Los amigos del señor y la señora Johnson acudían gustosos a las deliciosas fiestas que la señora Johnson organizaba todos los sábados.

Entre los enemigos del señor y la señora Johnson se rumoreaba que las fiestas que la señora Johnson organizaba todos los sábados eran un tanto libertinas.

La señora Johnson lo sabía y sonreía divertida.

Las murmuraciones no impedían que la señora Johnson siguiera organizando sus deliciosas fiestas de los sábados.

A las deliciosas fiestas de la señora Johnson acudían casi siempre los mismos invitados: los señores Ferguson, los señores Smith, los señores Robertson, los señores Adams y la viuda del señor Peterson, que en paz descanse. Todos los invitados que acudían regularmente a las deliciosas fiestas de la señora Johnson eran encantadores. El hecho de que el señor Peterson hubiera muerto no significa que no fuera un individuo encantador.

Antes de estar muerto, el señor Peterson acudía a las deliciosas fiestas de la señora Johnson. Ahora que el señor Peterson había fallecido, la viuda del señor Peterson acudía a las fiestas de la señora Johnson acompañada de su canario.

El canario llegaba a las fiestas de la señora Johnson en el interior del escote de la viuda Peterson, con el pico asomando entre los dos senos prominentes de la viuda Peterson y deleitando los oídos del resto de los invitados con la belleza y la armonía de sus trinos.

La viuda Peterson aseguraba que su canario sólo cantaba cuando se hallaba en el interior de su escote. La viuda Peterson mentía y el resto de los invitados lo sabía.

El hecho de que la viuda Peterson acudiera a las deliciosas fiestas de la señora Johnson en compañía de su canario se interpretaba como una señal de duelo y de respeto hacia el difunto señor Peterson.

Se sabía que la viuda Peterson se había jurado no sustituir nunca al canario por ningún otro pájaro. Este era el definitivo.

Todos admiraban la abnegada fidelidad de la viuda Peterson. Desde que su esposo había muerto, no había cambiado ni una sola vez de canario.

En las deliciosas fiestas de la señora Johnson, siempre se respetaban determinadas tradiciones: durante la cena, la señora Adams se colocaba junto a la viuda Peterson; la señora Ferguson y el señor Smith se sentaban *côte à côte*, frente al señor Ferguson, y las señoras Robertson y Smith se refugiaban en un extremo de la mesa y lo más lejos posible de sus respectivos cónyuges.

Los hijos de los señores Johnson no participaban nunca en ninguna de las fiestas. Los hijos de los señores Johnson consideraban que las fiestas que su madre organizaba todos los sábados eran ligeramente aburridas. Los hijos de los señores Johnson preferían encerrarse en sus habitaciones. Los hijos de los señores Johnson jadeaban y gemían muy fuerte mientras se hallaban en sus habitaciones. Todo el mundo sabía lo que ocurría en las habitaciones de los hijos de los señores Johnson. Todos los invitados miraban compasivamente a los señores Johnson. Todos ellos sabían que los señores Johnson sólo toleraban lo que ocurría entre los hijos de los señores Johnson los sábados por la noche. Nunca entre semana. Los invitados comprendían perfectamente la actitud de los señores Johnson.

Afortunadamente todos los hijos de los señores Johnson eran varones, y los señores Johnson no tenían que pensar en el problema de los anticonceptivos. Era un verdadero consuelo para los señores Johnson.

Todos los sábados, después del primer plato, el señor Robertson se disculpaba azoradamente ante el resto de los invitados y se retiraba de la habitación. Pero no abandonaba la casa de los señores Johnson. Todos sabían lo que hacía el señor Robertson. Todos seguían comiendo y bebiendo.

La despreocupación acerca de las actividades de los demás era otra de las tradiciones que se respetaban en las deliciosas fiestas que organizaba la señora Johnson. Si de vez en cuando se oía algún gemido procedente de las habitaciones de los hijos de los señores Johnson, todos los encantadores invitados de los señores Johnson se ponían a masticar ruidosamente hasta lograr que los gritos de placer pasaran inadvertidos.

En las deliciosas fiestas de la señora Johnson imperaba la discreción. El tono de las conversaciones era amable, distendido, modélico.

Durante el segundo plato, el señor Smith pasaba cinco minutos mirando fijamente y sin parpadear el encantador escote de la señora Ferguson. La señora Ferguson se sacaba una de las tetas del escote y le permitía al señor Smith que la acariciara durante otros cinco minutos exactos. Luego la señora Ferguson miraba con actitud culpable hacia su esposo, pero el señor Ferguson estaba profundamente dormido sobre la mesa. Entonces la señora Ferguson se levantaba y, henchida de súbita pasión conyugal, se dirigía hacia su marido, lo besaba ardientemente en la boca, éste se despertaba, correspondía amablemente al beso de su esposa y la comida proseguía con toda normalidad.

Pero durante el resto de la velada la señora Ferguson sufría enormemente porque su marido no era celoso.

Todos los invitados compadecían a la señora Ferguson, menos el señor Smith. El señor Smith estaba seriamente resentido con la señora Ferguson porque ella no le permitía ir más allá de su teta derecha. Ni siquiera le había dejado ver la izquierda.

La señora Johnson ofrecía todos los sábados una fiesta deliciosa. La señora Johnson era una estupenda cocinera. La deliciosa crema de café con frutos secos triturados y chocolate que la señora Robertson se empeñaba en comer en el interior de la vulva de la señora Smith era una de las especialidades de la señora Johnson.

La señora Smith siempre consentía.

La señora Robertson desaparecía bajo la mesa para comerse los postres. Nadie espiaba la expresión del rostro de la señora Smith mientras la señora Robertson se alimentaba en su coño.

En las deliciosas fiestas de la señora Johnson imperaba la discreción. Pero todos los invitados sabían que a la señora Smith le encantaba lo que la señora Robertson hacía en su coño.

Cuando la señora Robertson acababa su deliciosa ración de crema de café con frutos secos triturados y chocolate, volvía a sentarse en la mesa junto a la señora Smith y formulaba verbalmente su extrañeza ante la ausencia del señor Robertson.

Todo el mundo sabía lo que estaba haciendo el señor Robertson, pero todos ellos fingían compartir la extrañeza de la señora Robertson.

La señora Robertson proponía invariablemente que registraran la casa en busca del señor Robertson.

Como en las deliciosas fiestas de la señora Johnson imperaban la solidaridad y el compañerismo cordial, todos se precipitaban a buscar al señor Robertson.

El señor Robertson los esperaba ansiosamente.

Todos lo sabían.

Lo encontraban siempre en la sala de billar, intentando empujar las bolas con su polla. El señor Robertson tenía un falo de casi cuarenta centímetros de longitud. El señor Robertson sufría enormemente porque su esposa era lesbiana y amaba a la señora Smith. La señora Smith también sufría porque se sentía culpable.

Al señor Robertson lo único que le gustaba realmente era exhibir su miembro y jugar con él al billar.

Nadie se asombraba al contemplar el desmesurado miembro del señor Robertson. La única persona que parecía preocupada al ver la polla desnuda del señor Robertson era el señor Adams. El señor Adams se acercaba al señor Robertson, se sacaba su propio miembro de los pantalones, lo comparaba con el del señor Robertson y se echaba a llorar desconsoladamente.

La señora Adams nunca estaba allí para calmarlo.

Todo el mundo sabía donde estaba la señora Adams.

Cuando decidían ir en su busca, daban unas cuantas vueltas infructuosas por la casa. El señor Adams lloraba cada vez más fuerte. Todos sabían que sólo la señora Adams podía consolarlo.

Cuando hallaban a la señora Adams en el jardín, la viuda Peterson descubría que había perdido a su canario.

Todos miraban hacia el escote de la viuda Peterson. El espacio que separaba los dos senos prominentes de la viuda Peterson ostentaba un doloroso vacío.

Entonces todos los invitados oían un trino procedente del interior de la señora Adams y diez pares de ojos clavaban sus miradas en la señora Adams.

La señora Adams se sacaba un canario del interior de su vulva, lo entregaba a su propietaria y corría arrepentida a consolar al señor Adams. El señor Adams aceptaba sus mimos. El señor Adams olvidaba la polla del señor Robertson.

El señor Robertson olvidaba el tamaño de la suya, corría un tupido velo sobre la homosexualidad de su esposa, la abrazaba ardientemente y se despedía del resto de los invitados y del señor y la señora Johnson.

Todos empezaban a olvidarlo absolutamente todo, y el señor y la señora Johnson recibían orgullosos los agradecidos comentarios de sus invitados acerca de lo deliciosa que había sido la fiesta.

Cuando todos los invitados se habían marchado ya, el señor y la señora Johnson fumaban juntos un último cigarrillo mientras planeaban la fiesta del siguiente sábado.

El señor y la señora Johnson subían después a sus habitaciones. Al llegar a la puerta de la habitación del señor Johnson, la señora Johnson obsequiaba a su marido con un beso resignado.

El señor Johnson siempre había sido impotente.

La señora Johnson siempre lo había sabido.

La sonrisa de la señora Johnson era tan deliciosa como las fiestas que organizaba todos los sábados.

Los hijos de la señora Johnson no eran hijos del señor Johnson. Los hijos de la señora Johnson sólo eran incestuosos por parte de madre.

Los hijos de la señora Johnson lo sabían.

Los hijos de la señora Johnson esperaban ansiosamente las noches del sábado.

Dos socios inolvidables
o El erotismo de la lógica

1

Watson empezó a considerar seriamente la posibilidad de una retirada. Su cuerpo se había agitado vanamente y sin convicción en un penoso esfuerzo por gozar. Sintió cómo su verga se retraía, completamente ajena al juego, ensimismada e indiferente al orificio húmedo y expectante que la reclamaba para sí. Watson oyó la airada protesta del otro cuerpo ante el súbito abandono sin que lo rozara el más leve sentimiento de culpa. Era extraño, muy extraño realmente. Su cuerpo no había gozado, y su alma, sin embargo, se sentía ligera, inesperadamente feliz.

La dicha no tardó en conducirlo a una taberna donde el whisky presidió aquella insólita celebración. Pero ¿qué era lo que celebraba?

De una cosa estaba seguro Watson: era imposible que aquel episodio significara su definitivo ingreso en las filas de los hombres climatéricos. A sus cuarenta y cinco años, se tenía por un hombre joven todavía, vigoroso y dotado de una disponibilidad erótica sorprendente. ¿Cuál podía ser entonces el motivo de su repentino desfallecimiento? Desfallecimiento que resultaba más incomprensible aún si se tenía en cuenta el talante profundamente sensual que lo embargaba desde hacía unos días.

Watson advirtió que su verga se había endurecido bajo el pantalón y que una creciente lascivia se apoderaba de él. ¿Acaso era objeto de alguna chanza por parte de su sexo? ¿Se habría vuelto onanista?

Pero el siguiente whisky trajo consigo una revelación. Los efluvios del alcohol devolvieron a su memoria una escena que lo había sumido en una profunda turbación.

Su miembro se encabritó bajo el recuerdo de una polla magnífica, entrevista durante apenas tres segundos a través de una puerta que el insidioso azar había dejado entreabierta. El falo de Holmes enhiesto bajo el agua fría de una ducha matutina. El falo de Holmes desafiando el chorro de agua. Holmes lavándose la polla, una puerta entreabierta y Watson palpitando de deseo en una taberna inglesa.

«Polla limpia, polla de ducha», susurró Watson para sus adentros.

2

«Será hermoso. Será un reto perpetuo a tu ingenio.

»Apuesta y revuélcate en una serie interminable de signos, indicios, detalles significativos, análisis, deducciones lógicas y tratados de semiótica. Vacíate de todo y aliméntate de signos. Estructúrate en razonamientos.

»Apuesta y gana, juega y seduce. Deslumbra. Demuestra que todo es explicable y que ningún enigma escapará a las finas redes que teje tu astucia. No vaciles nunca, no dudes.

»Apuesta y gana.»

¿Dónde lo había conducido aquel noble afán suyo de desmenuzar la vida, de sondearlo todo con su implacable bisturí de sabueso inmerso en los mil y un vericuetos de la lógica?

Apuesta y gana.

En la semipenumbra que invadía la habitación, la existencia se había reducido a sus aspectos más grotescos y vulgares.

Apuesta y gana.

Nunca había sentido angustia tan persistente como la que se había adueñado de él aquella tarde. Su vida se había desarrollado con la frialdad y la precisión de una ecuación. Sus archivos personales estaban vacíos de precipicios y de vértigos. La única pasión que había besado sus labios era la lógica. La lógica era la más dulce, la más insidiosa y la más brutalmente adictiva de las drogas.

Apuesta y gana. Juega y seduce.

Pero ahora la dosis cotidiana empezaba a dejarle un sabor amargo en la boca. Angustiado, Holmes chupó ávidamente su pipa y sus labios dejaron una marca húmeda en la superficie lisa.

«¿Dónde se habrá metido Watson, maldita sea? Son ya más de las siete y una buena conversación con ese callejeador impenitente suavizaría mi angustia. Tomaré una ducha mientras espero. Una ducha y una buena cena con champagne francés.»

3

«Polla limpia, demasiado limpia. ¿Quién se atrevería a mancillarte?»

Watson se preguntó cómo y cuándo se había incrustado en su estúpido cerebro el fantasma de la virginidad de Holmes. ¿Le habría hecho Holmes alguna insinuación, algún conato de confesión en ese sentido, o bien era él mismo quien había fabulado toda la historia?

«Polla virgen, polla limpia, indecente capullito celosamente reservado para el beso de los gusanos. ¿Acaso imaginas que un buen lengüetazo en la cabeza de tu polla acabaría con tus proezas deductivas?»

Lo cierto era que, pese a la estrecha amistad que los unía y al sinfín de ocasiones en las que Watson se había extasiado en la exposición de los detalles más suculentos de sus aventuras amorosas, Holmes jamás le había confesado idilio alguno.

«Ni en sueños se ha adentrado en grietas voraces esa pollita lógica, polla casta, flor de ducha que sólo el agua ha lamido.»

Watson no intentó siquiera detener su imaginación; corrió en pos de aquel miembro magnífico hasta ceñirlo con sus labios; lo sintió crecer bajo la sabia presión de su boca; mordisqueó el suave prepucio y lo rebañó a lengüetazos. Luego se alejó como si fuera a dejarlo en la inopia erótica; la verga de Holmes, insatisfecha y alarmada, clamó por sus labios y su lengua; la verga de Holmes rendida y brincando hacia su rostro, trémula y palpitante, pero dura, caliente y resplandeciente en su avidez virgen.

Ensuciar la polla bienoliente de Holmes, mancillarla con el olor y la humedad de su saliva, descomponerla a besos. Le escupiría en la polla, se la cubriría de deseo babeante y viscoso, la mancharía cuanto pudiera, se la restregaría por todo el cuerpo y finalmente permitiría que siguiera ostentando su voracidad virgen, insatisfecha y mendicante.

«Polla suplicante, candidata primeriza al placer, pollita necesitada de mimos, pollita que induce al abandono tras el enardecimiento.»

Seducción y abandono antes del goce final. El placer último había de ser sólo suyo.

«Abandonar a Holmes, Holmes traspuesto, quebrantado, petrificado de tensión, seducido al fin.»

La posibilidad de iniciar a Holmes y prometerle implícitamente un placer que no habría de llegar jamás condujo la polla de Watson al punto crucial de ascensión y dureza.

Martirologio de braqueta. El miembro necesitaba huir del contacto súbitamente desagradable de los calzoncillos.

«Emerger al aire libre, mortificar la castidad de Holmes, desmelenar su líbido.»

¿Se convertiría al fin ese hombre en un pedazo de carne hambrienta y lujuriosa? ¿Iniciaría una desmelenada carrera de atleta sexual?

Pero Watson sabía muy bien que ese Holmes posible, ese hipotético Holmes hábil en lides eróticas y semejante a un potrillo desbocado ya no podría interesarle. Prefería la casta flor de ducha, mancillar su limpieza patológica, rebozar en suciedad aquello que Holmes tan minuciosamente limpiaba bajo la ducha fría cotidiana. Holmes restregándose la polla con esponja y jabón espumoso, penitente de su insobornable racionalidad, más que hombre, raciocinio ambulante.

«Polla inmaculada, polla torpe en el amor.»

Watson no pudo contener un estremecimiento en el que, una vez más, lo abyecto y lo sublime ratificaron su pacto de eterna complicidad.

Ver a Holmes comportándose torpemente, aunque sólo fuera una vez, Holmes enternecedor y protegible, Holmes roto, Holmes antítesis de sí mismo.

Sí, necesitaba adelantarse a Holmes. Hacía muchos años que, agazapado en las sombras de una personalidad menos ávida de fulminantes demostraciones de astucia, había esperado el momento de seducir y romper aquella forma regular, sin fisuras ni turbulencias.

El ansiado momento se acercaba voluptuosamente. Watson pagó sus seis whiskies, salió de la taberna y se dirigió a la casa que, desde hacía cierto tiempo, compartía con su inefable socio, Holmes el sabueso, Holmes el rastreador de pistas, Holmes el husmeador de cloacas. Un buen olfato que nunca había olido de cerca una buena polla.

4

Una mano pequeña, huesuda y nerviosa accionó la manecilla del grifo del agua fría. Ruido de agua y de ansioso desnudarse. Unos pies chapotearon en la bañera. Un cuerpo delgado y maduro se instaló bajo un grueso chorro de agua fría.

¿Tres, cuatro segundos?

El lapso de tiempo durante el cual la mano huesuda, pequeña y nerviosa pareció dudar ante la esponja fue brevísimo. Una vez apartada la esponja del centro de sus preocupaciones, la mano se dirigió con decisión hacia una polla que empezaba a alzarse bajo el grueso chorro de agua fría. La mano asió el miembro y ejecutó para él una serie de movimientos suaves al principio pero ritmados *in crescendo*. La ascensión de la verga fue soberbia; la altura no parecía darle vértigo alguno.

El ruido del agua se mezclaba con un ostensible jadeo, y la esponja y el jabón, momentáneamente despechados, espiaban la escena desde un apartado rincón de la repisa de la bañera.

5

«Polla imperturbable.»

Si Holmes decidiera un día lavarse su miembro en un río o en un océano, Watson se haría pescador para cobrar la anhelada pieza. Príapo entre príapos. Rey de bastos.

Bizqueaba de placer en su camino a casa, se relamía los labios al imaginar la sorpresa de Holmes ante su gesto claro y perentorio de deseo.

¿Dónde estaría el maldito sabueso, el roedor de enigmas ajenos, mirón vocacional por antonomasia? ¿En la ducha tal vez?

Watson sonrió para sus adentros; de nada iba a servirle a Holmes su escrupulosa higiene; su polla se ensuciaría lo suficiente como para tomarle gusto a la porquería y no obstante seguir enarbolando su absurda bandera de virginidad. No quería verle alcanzar el placer. Se lo escamotearía hasta el final; lo prefería casto y no tenía la menor intención de ser testigo y causa de su eyaculación ni de oler aquel semen que nunca se había dignado a derramarse.

Imaginó por un momento el caudaloso torrente que formaría el estallido de aquel deseo amordazado durante tantos años y una náusea se instaló en su garganta.

A pesar de ello, aceleró su paso hacia aquella líbido bien custodiada por la más escrupulosa de las vestales. Eran ya muy pocos los metros que lo separaban de su oscura venganza. Apetecida venganza sobre un hombre al que había amado demasiado, un hombre al que, en su fascinación, se había sometido en múltiples sentidos.

«Quebrantarlo. Ensuciarle la polla.»

Ahora había llegado su turno.

Watson se detuvo ante el umbral de la puerta de su casa. Una mano larga, elegante y sensual extrajo de su bolsillo un manojo de llaves, seleccionó una y la introdujo en una cerradura en la que no alentó la menor recalcitrancia; se abrió sin reparos ante su ímpetu.

John Watson era una bomba a punto de estallar; recorrió la planta baja de la casa pero no halló lo que buscaba.

Apenas llegar al piso superior, John Watson, convertido más que nunca en una sombra, su silueta tornada penumbra por los últimos estertores solares del día, supo que la buena fortuna había posado en él su más tierna mirada: a través del leve resquicio de la puerta del cuarto de baño asomaba la luz. ¡Cuánta luz era capaz de irradiar una simple ducha! ¡Y cuán armonioso era el ruido que el chorro de agua producía al caer!

Se detuvo unos minutos tan sólo, pero eran minutos de ésos que tienen la virtud de convertirse en siglos.

Una mano larga, elegante y sensual empuñó finalmente un picaporte que ignoraba su papel fundamental en la comedia.

Cuando la puerta del baño se abrió, Sherlock Holmes, detective de gran reputación, tuvo una oportunidad única de contemplar a un John Watson, su inseparable socio, auténticamente estupefacto.

Cuando la misma puerta se abrió, John Watson retrocedió unos pasos al tiempo que sentía ese enorme privilegio que puede ser a veces el dolor lacerante: en aquel preciso instante, una nubecilla de esperma de fabricación reciente abandonaba la polla de Holmes el Limpio y se estrellaba silenciosamente en el fondo de la bañera. Sherlock Holmes tenía su propio método para ensuciarse la polla.

Aunque decididamente desmoralizado, John Watson supo encajar la derrota y saludar la salva con un escueto:

—*Oh God, what a jolly mess!**

---

*¡Dios mío, qué desastre!

Crucifixión del círculo

Puta arrabalera, quiste bien incrustado en mi cerebro. He marcado la séptima cruz en el calendario. Siete cruces, una tras otra. Siete cruces sin el alivio del círculo. Algunas cruces más y mi calendario se habrá convertido en un cementerio. Y a ti te enterraré en una memoria de archivo que nadie se dignará consultar; tu sudario será mi calendario, escrupulosamente marcado.
Cruces.
Círculos.
El tiempo se ha dividido entre tus presencias y tus ausencias: una cruz si no te veo y un círculo si me brindas el honor de tu presencia. El honor de tu presencia. Días tachados y días aureolados. Cruz círculo. Ahora acabo de marcar la séptima cruz consecutiva.
Siete cruces alineadas, siete días sin verte, sin tocarte, sin olerte, sin oírte, siete días obsesionado por una línea te-

lefónica al extremo de la cual no apareces, siete días sumergido en el sonido estridente y reiterativo que estremece tu casa, pero absuelve a tu oído. Tengo el honor de tu ausencia, el honor de siete días marcando cruces en la más espantosa de las soledades, untándome el gaznate con los brebajes más variados, brebajes cuyo conocido y loado efecto —un progresivo alelamiento nirvanático, *le vert paradis des amours enfantines*, supongo— no consigue, pese a mi perseverancia, apartar de mí esa salpicadura de tinta espesa que borra todo lo demás. Tu rostro que ya es cruz.

Siete días masticando mi incredulidad ante tu terca ausencia, ante la ausencia total de señales tuyas.

He descubierto la inutilidad de sentarme frente al teléfono y mirarlo fijamente y con intención retadora; había imaginado, no sé por qué, que el truco funcionaría. Ahora este artefacto mudo se ha convertido en el más peligroso y pérfido de mis enemigos.

Habla mudito, cántame un tango.

Hace cuatro cruces me sentía perfectamente satisfecho de mí mismo; había logrado apuntalar y encorsetar mi ansiedad bienembutidaenunrecipientehermético. El recipiente hermético tuvo el mal gusto de reventar como las tripas de un pollo, y el resultado, francamente hediondo, fue exactamente el siguiente:

Puedo vivir sin ti un máximo estipulado de tres días, setenta y cuatro horas de resistencia, tres magníficas cruces.

Presentaré mi caso al director del Guinness Book of Records. Una gran marca.

Podría jugar a la ruleta con mi calendario. Rojo negro, par impar, cruz círculo. Todavía no me atrevo a estudiar las constantes, los eternos retornos, los ciclos, la encantadora burleta de la cruz y el círculo. Si hoy tuvieras a bien concederme el privilegio de tu presencia, la última combinación sería CIRCULO CRUZ CRUZ CRUZ CRUZ CRUZ CRUZ CRUZ CIRCULO, o sea, me fustigas, me desazonas, me desordenas, me estropeas, te burlas de mí, gusanito, puta embustera, puta infecta, abyección con patas, pendoncillo vulgar. Tu pequeñez es ostensible y puntiaguda. Apenas abultas lo que un guisante y, sin embargo, como el guisante del cuento, tu pequeñez se hace dolorosa aún bajo siete colchones. Eres un tumor, una infección que muerde rápidamente y una por una a todas las células de un orga-

nismo antaño vigoroso. Creo que estoy empezando a odiarte. Y hoy no has venido.
Tal vez mañana.

Esta noche, mi delirio ha atestiguado una vez más lo mal preparado que estoy para la vida. En mi sueño infectado veo un sendero ribeteado de cruces. Cuento diecinueve antes de llegar al círculo. Me acerco convertido en un muñón, renqueante y mutilado de espera. Imagino el reflejo de mi imagen en un espejo y me sacude una náusea. Pero entonces te veo sonriente y apoyada en el círculo, mi bienestar, mi medicina, mis aguas termales. Se me funde el odio en una sonrisa enamorada de galán feliz porque ella lo espera sonriente, tentadora y apoyada en un círculo. Amor mío, mayúscula afectiva, serás mía en un círculo, amor de pecera, te tocaré las escamas; tú, agradecida, menearás la cola.

El día se enrosca, empieza a retorcerse para buscarse y morderse la colita. ¡Bendito día circular!

Pero súbitamente, al acercarme a ti, tu mirada se hace patética idiotez, esa idiotez de estafadora torpe, esa idiotez que te impulsa al engaño, embustera sin talento.

Lo sé todo. Conozco el importe exacto de tus engaños, putilla lerda. Y ahora te veo acariciando el círculo con tu lengua, tu lengua puerca de otros círculos, tu lengua que chupa el brocheprepucio que cierra la pollacírculo.

Chúpala y muérete.

Hoy el teléfono ha sonado todo el día y he gozado indeciblemente resistiendo a la tentación de cogerlo. Su voz, impertinente y repetitiva, me ha timbreado la vida y ha entrecortado el tiempo con sus aullidos. Ha sido un día deliciosamente musical. Jadea, amor mío, jadea telefónicamente tu deseo de mí. Imagino muy bien tu ansiedad, tu avidez de besos, tu síndrome de abstinencia, tus temblores, tus piernas abriéndose y el coño exhibiendo sus excelencias, encantito mío. Pero hoy no entraré. No me impresionan tus tretas; sé que me engañas, puedo leerlo en tus ojos estremecidos y arrogantes al mirarme. Sé lo que quieres. Sé lo que buscas. Te precintaría el coño y besaría la cerradura, pero nada más. Cerrado al mundo exterior y a sus delicias, amurallado y aislado, tu coño sería coño muerto, encantito mío. ¿A quién podrías engañar entonces?

Súbitamente y sin pedirme permiso, el timbre de la puerta se ha puesto a tronar y retumbar por toda la casa. Soy inmensamente feliz. Desalojo los muebles de la habitación donde me encuentro para que el ruido produzca un eco en las paredes de la estancia vacía. El ruido redobla. Tengo el timbre más estruendoso que hallarse pueda en el mercado internacional de timbres y alarmas. Esencia de histeria colectiva, llanto, horror, bombardeo y mutilación auditiva. Gozo tumbado en el suelo, mis oídos más receptivos que nunca, henchidos de placer, llenos de ese sonido celestial que produce tu impaciencia, tus dedos tensos de espera, tu coñito ávido que hoy no visitaré. Espera, encantito mío, un rato más. Sé buena y persevera, mi embusterita sinfónica; me estás ofreciendo el mejor de los conciertos.

Cuando el ruido cesa me precipito a marcar una nueva cruz en el calendario y me siento heroico. Al infierno el círculo; a partir de ahora la vida sólo tendrá aristas. No te he visto. He renunciado al placer de las curvas. He sido capaz, lo he hecho. Por fin, encantito mío. Ahora podré dormir tranquilo y mañana será otro día. Mañana te abriré, encanto, te lo prometo. En cuanto llames, correré como una flecha hacia la puerta. Creo que ya empiezo a tener ganas de verte.

Verte círculo. Verte el rostro deformado a través de la mirilla. Todavía no quiero abrir la puerta y tal vez tampoco lo haga más tarde; podría poner otra cruz en el calendario y sentirme sepulturero. Después de todo ser funcionario del Estado, funcionario sepulturero, no me parece el más triste de los destinos.

Pero tú no dejes de llamar, puta arrabalera, hínchate a timbrear, jódete, por embustera, por intentar engañarme, llágate los dedos, gangrénate entera de impaciencia por verme. Aporrea la puerta con tus nudillos, pégale patadas, empújala hasta que ceda al ímpetu de tu cuerpo, puta querida, persevera en tu locura embustera, cerda inmunda, sigue mintiéndome. Habría seguido amándote, rendido a tus pies, si no me hubieras escupido embuste tras embuste. Demasiado evidente, hermosa mía. Aunque tal vez te siga queriendo lo suficiente como para abrir la puerta y permitir que continúes jugando un rato más. Pero sólo un rato. Ayer te prometí que hoy abriría, adorada farsante, te prometí que abriría para que me muestres tus preciosas ojeras, para besar tus párpados hinchados, tus ojos vidriosos, tu rostro macilento y tu cuerpo avejentado.

El espectáculo no tenía desperdicio. Un circo en un círculo. Aunque viviera cien años no volvería a tener el inmenso privilegio de contemplar unas ojeras tan hinchadas y amoratadas como aquéllas. Se movía muy lentamente, afectando un cansancio exagerado, como si las agujetas no hubieran perdonado a un solo centímetro de su cuerpo. Luego se derrumbó teatralmente en un diván: la traducción de su mirada al lenguaje verbal sería aproximadamente ésta:

No intentes follarme estoy ahíta ya sabes que no te necesito estoy saturada esta semana ha sido muy intensa tienes que entenderlo no intentes nada no lograrías que sintiera el mínimo placer.

Sobreactuaba la muy puta.
Un circo en un círculo.
Caquilla microscópica, orín de rata, mierdecilla de mosquito.
Una portentosa erección modificó el volumen, la textura y el talante de mi verga. Vergansiosa. Varios gestos rápidos

bastaron para sacarla de su encierro y despojarme de todo atavío.

Ella puso mucho desmayo en sus ademanes y lanzó una contraofensiva verbal que no escuché. Prefería instalarme en la música celestial de su discurso primorosamentedespojado de puntos y comas. El resultado era entrecortado y jadeante, muy acorde con su papel de mujer abrumada por mi insistente demanda erótica.

Fingió una enorme dosis de sufrimiento cuando de un solo trazo gestual le arranqué la blusa y dejé al descubierto dos pechos apenas perceptibles bajo una maraña de magulladuras y contusiones en las que, una vez más, su imaginación se había excedido. Setecientas cicatrices en un centímetro cuadrado de piel.

Mi polla se acercó a ella e inició un coqueteo frotatorio con aquel prodigio del *body art*. Setecientas cicatrices fustigándome la verga, ríos de sangre seca que recorrí uno a uno bajo su mirada triunfante, cicatrices auténticas labradas con la azada de sus propias manos. La falsificación estaba en sus ojos, en sus gestos, invadía su mente con un cosquilleo de felicidad y me atrapaba en un círculo.

Yo marcaba cruces, ella se decoraba de ENGAÑO.

Su cuerpo entero era ENGAÑO.

Seguí lamiendo morados con mi verga, enroscándome en sus simulacros de pasión, de mordiscos, de otros lechos y otros amantes. Sus contusiones gritaban NO ERES EL UNICO HAY OTROS QUE ME BESAN QUE ME RETUERCEN LA CARNE QUE ME MUERDEN QUE ME MARCAN EL CUERPO CON EL FUEGO DE SUS LABIOS DE SUS DEDOS DE SUS MIEMBROS.
NO ERES EL UNICO.
Mi excitación trazó una estela en sus pechos y comprobó estremecida la ausencia de uno de sus pezones.

—Lucas me mordió ahí, un chico muy ardiente, un arrancapezones ¿entiendes? —susurró ella con evidente orgullo.

Su nuevo embuste no me impresionó: pronuncié con la mayor serenidad el nombre y los apellidos completos del cirujano que le había extirpado aquella carnecilla; conocía incluso el importe exacto de sus honorarios.

Aquello no pareció turbarla en absoluto; se limitó a abandonar su falsa languidez para adoptar una actitud de tentadora profesional destinada a obligarme a perdonarla por el mal trago.

—Penétrame —murmuró sugestiva—; penétrame —clamó ciñendo su cuerpo al mío, lamiendo mi piel con la suya, describiendo con su sexo círculos en torno a mi verga.

Mal trago, veneno y náusea treparon por mi garganta atenazándome los nervios, enloqueciéndome. Necesitaba resistir a la tentación de invadir su vulva con mi sexo; ansiaba dejarla insatisfecha y desierta, pero mi deseo se hacía cómplice del suyo y mi miembro aullaba y se estremecía, se acercaba al centro ígneo de ella, jugaba con su boca húmeda y sonriente y se enredaba en la maraña de sus rizos púbicos.

Logré detener mi verga pocos milímetros antes de lo Irremediable pero el dolor se enseñoreó de mi cuerpo: abrí la boca implorando aire, mudo y con los ojos cerrados, jadeante y apretando los puños.

Vergansiosa, bergantín, eres mi puerto contaminado, mis malas aguas. Te encerraré en un círculo, puta embustera.

Cuando volví a clavar mi mirada en la suya, vi como ELLA se extasiaba en mi dolor; se sentía dueña, me sentía SUYO. Vomité y supe que no entraría nunca más en aquel puerto. Agua de cloaca, coño infecto, mi chica fiel maquillada de mala pécora, contusionada de Margaret Astor y con las ojeras hinchadas a base de amorosas inyecciones diarias.

La agarré del cabello, tironeé repetidamente y, cuando conseguí inmovilizarla, presioné una de sus ojeras con mi polla. Mi dolor fue insignificante comparado con el que ella debió sentir cuando su párpado reventó bajo mi miembro. Su boca, sin embargo, no profirió lamento alguno. Enardecido, arremetí contra la ojera abultada que seguía desafiándome, pero un orgasmo feroz sacudió mi cuerpo antes de que pudiera finalizar mi tarea: eyaculé en su ojo, sobre su ojera reventada; la cegué con mi esperma para evitar su mirada arrogante y satisfecha. Yo era el reo de aquella estudiantilla de primer curso de maquillaje, especialidad en Morbo y Decadencia. Me atrapaba con aquel coño que seguía contorsionándose en el aire cada vez más enrarecido de mi casa. Mi vida se había impregnado del olor denso y almizcleño de sus secreciones. Acerqué mi boca a su vulva y me salpicaron hilillos colgantes que sorbí uno a uno y con delectación; restregué mi rostro en su coño para anegarlo en la humedad de ella. Mi putilla licuefacta trazó círculos sobre mi cara mientras mi verga engordaba y crecía de felicidad. Nuestras humedades se aunaban; mi lengua describía círculos en su coño que trazaba círculos. Cruz círculo. Te encerraré en un círculo, puerca embustera, estafa ambulante.

La tendí en el suelo y trepé encima de ella; la promesa implícita en mi gesto relajó su cuerpo. Pude sentir la laxitud de sus músculos cuando le besé el cuello. Era suave y terso, de curvas delicadas; sus morados falsificados desfilaban ante mis ojos como un paisaje siniestro y hermoso a la vez; mis manos lo recorrieron milímetro a milímetro.

Mi deseo de ella era un aguijonazo que sacudía mi cuerpo con la brutalidad de un ataque epiléptico. Me ardían el miembro y la mente: una hermosa pira en homenaje al ENGAÑO. Había llegado el momento. Se estrechaba el círculo.

Ella me miró expectante, yo rodeé su cuello con mis manos. Poco a poco, sintió cómo el círculo se estrechaba en torno a ella: la lamía, la comía, la atrapaba el círculo. La presión de mis manos al cerrarse sobre su hermoso cuello aumentaba suavemente, sin violencia. Te encerraré en un círculo, puta embustera.

Ella sonrió satisfecha hasta el final. Cuando retiré mis manos de su cuello inerte, me dirigí al calendario y marqué el círculo de rigor. Luego dediqué el resto del día a señalar con cruces los siguientes diez años de mi vida: TRES MIL SEISCIENTAS CINCUENTA Y DOS CRUCES tras el círculo. Una combinación interesante.

Juego de niños

Todos los cielos el cielo, la gloria al alcance de mi mano, bendición infinita. Ahora ya no tiemblo; el plano no ha fallado ni un solo momento. Lo estudié durante semanas, memorizando todos y cada uno de los rincones de la casa, la ubicación exacta de puertas y ventanas para que ningún resplandor de luz pudiera confundirme, la orientación de las escaleras, la dimensión de las salas y los recorridos que habían de conducirme hasta aquí. No obstante mis manos temblaban al introducir la ganzúa en la cerradura y, cuando la puerta se abrió sin oponer resistencia alguna, un vacío absoluto golpeó mi cabeza.

Pero ahora ya no; ahora ya no tiemblo. Ni siquiera necesito acariciar la pistola que abulta en mi bolsillo.

Una linterna, sostenida por la fuerza inmensa del deseo que me trajo hasta aquí, avanza firme y segura recorriendo el cuadro zona a zona, y todo me parece tan sencillo como un juego de niños.

Desde el pie que aplasta los genitales del hombre asciendo lentamente y en diagonal, a lo largo de una gama de grises hasta llegar a la sonrisa de ella; una pincelada áspera y convulsa, un rojo que estalla en el ángulo superior izquierdo de la tela, equilibrada por otra pincelada roja de textura mucho más espesa: la sangre que gotea por la entrepierna de él y tiñe de rojo el ángulo inferior derecho del cuadro.

Me dejo hechizar por la mirada del hombre; mi linterna queda suspendida sobre esos ojos que apestan a goce inmundo de suicida y que ignoran por completo el dolor y la renuncia de ella. La mujer aparta los ojos de la humillación y el deseo de muerte de su amante e hinca todo el desespero de su mirada en su propio pie que mata y humilla. Ambos matan sin hacerse cómplices, sin alcanzar en la muerte el último e íntimo abrazo.

Con la lentitud de una pócima venenosa que recorre un río de sangre y se detiene juguetona en sus meandros hasta la inevitable paralización de los órganos vitales, empieza a invadirme una sensación idéntica a la que me estremeció al contemplar por vez primera la reproducción del cuadro en una revista de arte. De nada han servido mis esfuerzos por vencer la morbosa fascinación que ejerce la tela sobre mí; completamente ajeno a mi angustia, el falo se me endurece y abulta bajo los pantalones. Los ojos me escuecen y la vista se me nubla hasta que, tambaleándome como una marioneta, logro alejarme del cuadro y volverme de espaldas a él; la humillación y la muerte todavía taladran y queman mi espalda.

Huir, abandonar sin más dilación esta casa y renunciar para siempre jamás a la posesión de los cuadros. Los malditos cuadros. Mis pasos obedecen a la débil orden de huida procedente del cerebro y se dirigen presurosos hacia la puerta de salida. Avanzo cada vez más aprisa, pero en mi ofuscación, los datos que acumulé celosamente durante mi estudio de los planos se van difuminando; mi cerebro se tiñe de zonas gris perla; el gris perla se oscurece hasta hacerse casi negro. Negro al fin. Tropiezo con algo duro y pesado que traba mi retirada en una caída providencial.

Cuando vuelvo a enderezar mi cuerpo dolorido, el miedo ya no tiene sentido. Según mis planos, el segundo cuadro se halla en uno de los dormitorios del piso superior. Me oriento nuevamente en el espacio aprendido y, una vez visualizado, me encamino hacia las escaleras. Cuesta dar el paso inicial hasta acceder al primer peldaño, pero, una vez allí, todo se vuelve sencillo como un juego de niños. Mis dudas se pulverizan en la penumbra y permanece tan sólo mi deseo. El deseo de los malditos cuadros sin los cuales mi líbido se aletarga en un tedio de rostros y cuerpos diversos, de gestos en cuya desgana late una soledad cada vez más densa. Ahora estoy solo en una casa desconocida, pero soñada, solo y enfrentado al ruido quedo de mis pasos en el enmoquetado de las escaleras. Si todo funciona según lo previsto, son pocos ya los metros que me separan de mi segundo objetivo. Sé que, cuando las escaleras se acaben, he de girar a la derecha y entrar, palpando a tientas las paredes y sin la ayuda de mi linterna, en la tercera puerta del pasillo. El juego de niños está a punto de culminar.

No vacilo antes de entrar en la habitación, pero nada más franquear el umbral y pese a que quien me proporcionó los planos de la casa me había asegurado una y otra vez que los dueños se hallarían ausentes esta semana, oigo un ruido leve de cuerpos agitándose que me hiela la sangre y corta mi respiración. El ruido de lo imprevisible. Alguien enciende bruscamente la luz y las pulsaciones de tres corazones se aceleran al unísono. Ellos, un hombre y una mujer, desnudos sobre la cama y con ojos de sonámbulos, miran al intruso que tan inoportunamente ha irrumpido en sus dominios. Demasiado tarde ya para huir. Los dos cuerpos, con los nervios y los músculos atenazados por el miedo, van separándose lentamente y las manos que se aventuraban por repliegues, montículos y protuberancias detienen sus caricias en gestos inverosímiles y ridículos. Una saludable carcajada libera de toda opresión a mi sistema nervioso. Boquiabierta, la atención de mis anfitriones se desplaza desde sus cuerpos al mío, al movimiento rápido y seco de mi brazo derecho y finalmente, al objeto fácilmente identificable que empuña mi mano. Negro, cargado y prepotente.

Mientras los supongo entretenidos en la contemplación del arma, mi mirada recorre la habitación en busca del cuadro; lo descubro colgado en la pared lateral que queda a mi derecha. Sin moverme del lugar donde me encuentro, dejo que mi cuerpo se restriegue y se introduzca en la tela para que mi piel sea capaz de discernir las diferentes calidades táctiles de las pinceladas: sensuales en las zonas en que los dos cuerpos fornicantes se unen y se confunden, y más ásperas las que conforman la figura solitaria del hombre que está sentado tranquilamente en un sillón. Pierdo la noción del tiempo en esos ojos que dominan impertérritos la escena, como si el combate carnal que se desarrolla ante él no le provocara la menor turbación. Cualquier emoción pasada, por muy violenta que hubiera sido, palidecería ante lo que siento frente a los dos cuadros que encierran los muros de esta casa.

Con todo, mi distracción no ha debido durar más de unos breves segundos tras los cuales, al fijar nuevamente mi mirada en la pareja, descubro que se ha producido una alteración importante en la actitud del hombre, un muchacho increíblemente hermoso y de edad parecida a la mía; sus ojos, lejos ya de expresar el temor que lo embargó unos minutos antes, disparan dardos de lujuria que sin lugar a dudas van dirigidos a mí. Con parsimoniosa lascivia y desnudándome un poco a cada paso, su mirada empieza a labrarse camino a través de mi cuerpo; se desliza desde mi ojos a mi torso, me lame las caderas, las manos, se detiene en el bulto cada vez más ostensible de la bragueta de mi pantalón y vuelve hasta su propio miembro, grande y erguido. Es un magnífico ejemplar de la raza de los falos, grueso, largo y con el prepucio delicadamente dibujado.

El muchacho se separa entonces de la mujer, baja del lecho y, gateando por el suelo, viene arrastrándose hacia mí hasta quedar arrodillado a mis pies. Su boca, sensual, golosa y ligeramente entreabierta, está a la altura de mi pistola. Con la suavidad de un gato, sus manos acarician mi entrepierna y la parte interior de mis muslos y, cuando intuye que mi pene ha alcanzado el grado máximo de disponibilidad, sus dedos abren mi bragueta, me bajan los pantalones hasta los tobillos, acarician mis piernas en sentido ascendente, juguetean en mis ingles y se introducen, hábiles y sin prisa, bajo mis calzoncillos. Una de sus manos sopesa mis testículos y explora mi falo mientras la otra se aventura entre mis nalgas, las separa, las pellizca, las masajea y finalmente, hace jirones la tela que cubría hasta ahora estas delicadas regiones de mi anatomía. Una boca roja, carnosa y hambrienta se dirige con pérfida lentitud hacia la cabeza de mi polla; la suave brisa de su aliento llega hasta mi piel y la humedece y la inflama. Dejo que mis dedos se enreden en sus cabellos oscuros y sedosos, pero, cuando sus labios se hallan a un milímetro apenas de mi miembro, sustituyo con gesto de prestidigitador el príapo por la pistola, tiro con brutalidad de sus cabellos e introduzco mi arma en su boca, dispuesto a hacerla volar en mil pedazos. Sus labios no registran temblor alguno y su semblante permanece inalterable. Inalterablemente hermoso. Hermoso hasta en el sometimiento y la humillación.

Me aliviaría pensar que el muchacho no hace sino interpretar un papel para seducirme y apartarme de mis propósitos, pero sé —lo veo en sus ojos, sus ojos constantemente clavados en los míos— que sus emociones están absolutamente desprovistas de todo fingimiento. Su entrega, su avidez de mí y su infinita capacidad para el riesgo son aterradoramente auténticas. Acabaré asesinándolo para que deje de perseguirme con su mirada, su deseo, su lascivia, su habilidad para excitarme y la suavidad de sus formas andróginas. Su tez es tan dorada y sus ojos y sus cabellos tan oscuros que lo bautizo mentalmente con el nombre de Bruno, tal vez para que su recuerdo no sea nunca anónimo. Mientras lo nombro una y otra vez en voz alta, él responde a mi extraña llamada chupando con lengua y labios el cañón de mi pistola, depositando su saliva sobre ese objeto insensible que se ha convertido ya en un mero accesorio decorativo de la escena. Al tiempo que cierro los ojos para no verlo más —pero lo veo en mi mente centuplicado—, tiro la pistola al suelo y retrocedo unos pasos, alejándome de él. Mi ceguera, sin embargo, no dura más que unos segundos y, cuando vuelvo a abrir los ojos, lo veo a gatas delante de mí, ofreciéndome un culo soberbio de nalgas perfectamente redondeadas y de carnes duras y prietas que se mueven al son del vaivén incitante de sus caderas. Durante unos instantes, cruza mi mente como un relámpago la sospecha de que tras tanto atrevimiento haya tal vez una intención oculta mucho más pérfida que la del mero engaño. Pero apartando a un lado esa funesta premonición y sin poder desviar la mirada del ano húmedo y receptivo que asoma entre las magníficas nalgas de Bruno, me descalzo y acaricio su raja con mi pie. Bajo los dedos que juguetean y se enredan en el suavísimo vello que lo cubre, puedo sentir con fuerza las palpitaciones de su ano. Todo mi cuerpo pugna por abismarse en las carnes y los agujeros practicables de Bruno, pero, antes, debo asegurarme de cumplir el propósito que me ha traído hasta aquí y hacerme con los cuadros para que todo se ajuste a un orden establecido de antemano por las leyes de mis deseos. Giro ligeramente la cabeza hacia la pared lateral derecha, y el cuadro vuelve a escupirme la violencia del hombre que observa a los amantes sin que emoción alguna deje huellas en su rostro. La imperturbabilidad de quien sabe que participa en una ficción que a su vez se desarrolla ante ojos ajenos. El cuadro queda desierto de amantes y de amor, de cuerpos desnudos y de sexos mezclados; permanece tan sólo la mirada fría y bien calculada para herir: su efecto es intencionadamente estremecedor.

Sé que Bruno ha interceptado mi mirada y, mientras lame el pie que pocos segundos antes quiso introducirse entero en sus tripas, siento la necesidad imperiosa de gritar que soy yo el ladrón y el intruso, que nadie más que yo puede exigir y agredir. Odio a Bruno porque en su locura me ha arrebatado claramente el dominio de la situación. Todo el dominio. Mi pie golpea al rostro que lo besa y lo mordisquea suavemente y me dirijo hacia la mujer que contempla angustiada e impotente la escena. Está incorporada en la cama desordenada y, sin apenas mirarla a los ojos, trepo encima de ella y, aunque no encuentro aquiescencia alguna por su parte, introduzco a la fuerza el miembro en su coño seco y reticente. Soy yo el malvado, soy yo quien golpea impunemente y sin contemplaciones. Taladro con furia su vulva pero no consigo arrancar de ella ni un solo estremecimiento de temor o de placer.

Sin obedecer a ninguna orden consciente de mi mente, mis ojos se extravían en el cuadro; el hombre clava en dirección a las dos parejas de desganados copuladores su mirada infecta, su mirada indiferente, sus ojos que no ven. Mataré al artífice de este engendro maligno que me obsesiona, torturaré al pintor que me condena a vivir espejismo tras espejismo.

De pie y desde el extremo opuesto de la cama, sin llevar a cabo ningún gesto destinado a interrumpir el coito que me ocupa, Bruno fija en mí su mirada, me absorbe, me engulle, me acapara entero para sí; yo me vuelvo nuevamente hacia la tela mientras persevero con ímpetu decreciente en mi absurdo empeño copulatorio. Bruno me acompaña en mi trayectoria visual; no puedo librarme de él: se apodera de mis gestos, los succiona; yo esquivo el sortilegio de unos ojos que lo comprenden y lo abarcan todo. Su vida no ha registrado la menor sacudida, como si hubiera sabido de antemano cuanto había de suceder. Lo detesto. Irradia una extraña serenidad que me paraliza. Lo asesinaría por el simple placer de ver una emoción asomarse a su rostro.

Incapaz de seguir hundiendo mi verga en la terca sequedad de la mujer que yace bajo mi cuerpo como un cadáver, me levanto en busca de mis ropas con la firme intención de huir para siempre de esta casa recién salida de una pesadilla. Intuyo que, si permanezco en este lugar un minuto más, una horrible maldición ha de abatirse sobre mí. Pero mientras me visto atropelladamente, bajo la eterna custodia de los ojos de Bruno, mi decisión se tambalea y, jurándome que será la última vez que lo haga, alzo una mirada llorosa hacia el cuadro. La imposibilidad de renunciar a él se hace evidencia y me abofetea; no puedo engañarme respecto al alcance de la obsesión que durante semanas me mantuvo encadenado a una revista abierta siempre por la misma página; conozco con exactitud el síndrome de abstinencia y la ausencia de medicinas capaces de arrancarme de cuajo esta adicción. Las lágrimas humedecen mis pestañas y a mi alrededor todo se hace más y más borroso hasta el total desvanecimiento de mis sentidos. Lo último que veo es una mirada imperturbable en el centro de una vorágine de pinceladas. Luego la nada y un profundo alivio a mi angustia.

Me despierto en los brazos de Bruno que ciñen mi cuerpo mientras su lengua lame delicadamente las gotas amargas que bañan mi rostro: mis labios atraviesan el espacio vacío que los separa de los de Bruno y mi lengua se revuelca en la carne húmeda y apetitosa de su boca. Cuando mis ojos vuelven a abrirse, secos ya de lágrimas pero mojados de besos, miro a mi alrededor y descubro que, durante mi desvanecimiento, alguien —tal vez la mujer, que ya no se halla en la habitación— ha colocado los dos cuadros junto a mis costados, tan cerca de mí, bendita sea, que no necesito estirar más de medio metro mis manos para tocarlos. Vuelvo a examinar el que se hallaba en el piso inferior y mis ojos se detienen en un detalle del que no me había percatado: en una de las esquinas inferiores hay un garabato negro e indescifrable con la firma del autor. Sé, porque así lo decía el texto de la revista, que la identidad del pintor permanecía misteriosamente oculta. Fue uno de sus amigos quien llevó a cabo los trámites necesarios para la exposición y la venta de las obras y todos los esfuerzos de los críticos de arte por desentrañar el secreto del nombre y la personalidad del nuevo talento resultaron infructuosos.

Ahora soy yo quien intenta discernir alguna letra en el trazo confuso pero una carcajada estalla violentamente cerca de mí; vuelvo un rostro atónito hacia Bruno y lo descubro desencajado por la risa, con las aletas de la nariz dilatadas y el cuello muy arqueado hacia atrás. Por primera vez una emoción ha asomado a su semblante pero mi ofuscación me impide gozar de ello; su alborozo se me antoja siniestro, como un látigo hundiéndose dolorosamente en mis carnes. Me mira unos instantes y su risa redobla y se amanera hasta convertirse en el ruido más abominable que me sea dado imaginar. Está sentado en el suelo y todo su cuerpo se estremece de hilaridad. Sé que no voy a poder soportarlo ni un segundo más. Me levanto, me aproximo a él, golpeo violentamente con mi pie descalzo sus genitales y los aplasto con fuerza hasta que algo cruje bajo mis dedos: un hilillo de sangre brota entre ellos y tiñe de rojo la entrepierna de Bruno; desde mi pie, ya inmóvil, mi mirada asciende lentamente a lo largo de su cuerpo hasta llegar a un rostro más hermoso que nunca: sus ojos, ebrios de placer, ya no son capaces de mirarme y de ver el dolor que me embarga.

Canapé frío

3 de noviembre: dos motivos de felicidad y ninguna desventura.

Espero que sepas comprenderlo todo y que, a mi regreso, perdones sin un solo reproche mi intempestiva huida del hogar tras cinco meses de encierro y aislamiento. Un día más, una sola noche más de pesadillas y habría enloquecido por completo. Pese a todas las precauciones tomadas para burlarla, mi obsesión había vuelto a fustigarme con más fuerza que nunca: engordaba día a día hasta adquirir las proporciones de un primer plano monstruoso que invadía toda la pantalla de mi mente.

Pero esta mañana, al despertarme angustiado y sudoroso, he tenido la absoluta certeza de que por fin había ocurrido lo que tanto deseaba. Ni siquiera era necesario abrir las ventanas para comprobar la temperatura. Simplemente, lo sabía. Lo notaba en mi sangre, en mi piel, en el tono lívido de la luz que entraba a través de las persianas y en mi humor, algo menos ansioso de lo habitual. Nada más llegar a la calle, la caricia gélida del viento ha confirmado mis esperanzas. He corrido, preso de un súbito júbilo, a haraganear por calles y parques para reanudar mi relación con el mundo exterior tras cinco meses de voluntario estado de sitio. Sé que sabrás disculpar mi precipitación y perdonarme por no haberte hecho partícipe inmediatamente de mi alegría. Ahora corro dichoso hacia casa para comunicarte la segunda buena nueva del día: un papel secundario, aunque de cierta importancia en una producción que promete, con un buen elenco de actores y un director de renombre. El papel es de ésos que interpretan siempre actores de carácter, al parecer la encarnación de un individuo perverso y retorcido. Leeremos juntos el guión y decidiremos si me conviene aceptar el trabajo.

Ahora podrás incluso saber aquello que no había querido contarte para no contagiarte ni un ápice de mi inquietud; sabes que no soportaría que ninguna preocupación asomara a tus ojos y turbara su serenidad. Pero ahora que el frío me ha hecho olvidar toda la angustia pasada, puedo contártelo todo: la mujer del vagón de metro había reanudado sus visitas desde hace una semana; se asomaba cada noche a mis sueños para impedir mi descanso. Venía hacia mí desde el extremo opuesto del vagón vacío y, a medida que se acercaba, se iba despojando del vestido carmesí que constituía su única indumentaria. Una vez desnuda de sus sedas rojas, se cogía los pechos con las manos, los levantaba hasta la altura de la boca y chupaba sus propios pezones con una lengua enorme, aleteante y pintarrajeada de negro. Cada uno de sus pasos en dirección a mí provocaba un aumento considerable de mi temperatura y una creciente sensación de ahogo con ligeras convulsiones nerviosas. Ya muy cerca de donde yo me encontraba, aterrado y literalmente pegado contra la pared, contoneaba sus caderas sin dejar de estrujarse y lamerse las tetas y me mostraba una vulva de labios tan arrugados y colgantes como si todo un ejército hambriento acabara de saciarse en ella. Mi cuerpo, agusanado e impotente, empezaba a encogerse y deslizarse hacia el suelo hasta acabar enroscado como un feto; intentaba hundir la cabeza entre los brazos pero la mujer, inmisericorde, me agarraba por los cabellos para forzarme a contemplar todo el espectáculo.

El guión era inalterable: se repetía cada noche escena por escena, sin obviar ninguno de los gestos, como si el alma pérfida que lo había escrito no tolerara la menor variación en los detalles y abomirara los finales felices.

Ella colocaba el coño a un palmo apenas de mi rostro e iniciaba los primeros compases de una masturbación; todo su cuerpo exhalaba vapores infernales que, al entrar en contacto con mis carnes, me cubrían de pústulas y llenaban todo mi ser de ese calor que me hiere y me mata lentamente, como el más cruel de los cuchillos hundiéndose y zigzagueando en mis entrañas. En lugar de intentar la huida, yo alargaba ingenuamente el brazo en busca de los mandos del aire acondicionado: palpaba a tientas y, completamente traspuesto, descubría la ausencia de botones y palancas liberadoras en las paredes lisas del vagón de metro. Entonces un sollozo estremecía invariablemente mi cuerpo y el calor, en meteórica ascensión, paralizaba mis miembros y mi cerebro. La adrenalina circulaba veloz y orgullosa por mis venas.

Después de paladear satisfecha durante unos instantes el trofeo de mi llanto de chiquillo imbécil e impotente, la mujer tomaba mi cuerpo ingrávido y desprovisto de voluntad, me obligaba a levantarme, sacaba una verga encogida y fláccida de mi bragueta y, pese a la dificultad interpuesta por mi recalcitrancia, la introducía en el fogoncillo de su entrepierna. Allí me esperaba el mismísimo infierno, el suplicio de la hoguera, la gradual quemazón de mi verga y la muerte por calcinación: mi polla ardía en el interior de la mujer y, una vez carbonizada, se desprendía limpiamente del resto de mi cuerpo. Pero pese al dolor de la mutilación, un alivio inmenso se apoderaba de mí al abandonar la cavidad infernal de la mujer. El alivio, no obstante, nunca duraba más de unos pocos segundos; con ademán prepotente, la mujer volvía a abalanzarse sobre mí, unía sus labios gruesos y viscosos a los míos, violaba mi boca con su lengua y empezaba a vomitar una lava ardiente, espesa y burbujeante. Me despertaba siempre en el preciso instante en que su boca, convertida en el cráter de un volcán, me aspiraba hacia dentro para engullirme, pero sé que, si los últimos estertores del verano se hubieran prolongado un solo día más, la mujer habría acabado devorando mi vida.

Pero hoy el frío, el viento gélido que azota mis mejillas y la lluvia benigna que repiquetea en mis sienes —esa atmósfera tan poco propicia a la propagación de los virus— han congelado el miedo y la angustia. Ya no habrá pesadillas hasta dentro de mucho tiempo. Podremos bajar la potencia del aire acondicionado y abrir las ventanas; volveremos a pasear ateridos y felices bajo un cielo gris plomizo, con los cuerpos apenas cubiertos con lo imprescindible. Volveremos a reírnos de las gentes que compran abrigos y bufandas; las desafiaremos con nuestros parcos atuendos y el fotógrafo que el invierno pasado admiró tu cuerpo desnudo y sumergido en el estanque helado volverá a mostrarnos su semblante pasmado y estúpido.

Acelero mis pasos porque ya no puedo contener mi impaciencia; tengo que verte para contártelo todo y dejar que nuestros cuerpos retocen y se hermanen sobre las frías losas de mármol. Ansío tocar tu piel helada, amoratada de frío, y besar tus pechos gélidos, tus pechos que no se estremecen bajo mi boca. Te imagino ya tendida en las losas, tan rígida que mi peso sobre ti podría quebrarte, tan indiferente a cuanto sucede a tu alrededor que podría morirme sin que te inmutaras. Y realmente no creo que te importe nada de lo que pueda sucederme. Sé que ni siquiera me mirarás mientras inserto mi verga en la hendidura glacial que es tu coño y que tus párpados no se cerrarán ni una sola vez durante el acto. Sé que ningún atisbo de calidez mancillará tu cuerpo y que no habrá palpitaciones, ni gemidos, ni orgasmos. Sé que tus ojos, que nunca miran, me devolverán la felicidad que hasta hace poco corría el peligro de desaparecer para siempre de mi existencia. Sé que me estarás esperando sobre las losas, compitiendo con el mármol y orgullosa de haber ganado la batalla. Sé que te encontraré en la misma actitud de siempre, con los labios rígidos y sosteniendo grácilmente la boquilla de plata que no registra el mínimo temblor cuando me acerco y te beso las mejillas. Ningún gesto, ninguna palabra, ningún movimiento romperán jamás la perfección pétrea y glacial de tu cuerpo mientras te repito una y otra vez lo mucho que te amo, que te adoro enloquecidamente. Puedes estar segura de mi amor: sabes que nadie usurpará el lugar que ocupas en mi vida, sabes que eres mi muerta favorita, mi más venerado cadáver. Ni siquiera aceptaré el papel que me han ofrecido para que nada pueda apartarme de ti. Además, he hojeado el guión y creo que mi personaje era demasiado retorcido, excesivamente perverso. Dudo que yo lograra dar el tipo.

Ese autismo tuyo tan peligroso

Hoy es un día que ha nacido feo y estropeado de antemano. Lunes, creo. Los lunes deberían morirse de vergüenza por ser como son, o ahorcarse, o simplemente renunciar a su lugar en el calendario y desaparecer del tiempo de una vez por todas. Aunque, a decir verdad, no me parece que hoy sea un día especialmente más desafortunado que los treinta o cuarenta anteriores. Los lunes deberían tener el buen gusto de ahorcarse, pero también los martes, y los miércoles, y los jueves, y los viernes —nací yo, por ejemplo, una catástrofe larga e innecesaria—, y los sábados y, cómo no, los cochinos domingos: todos los días de la semana tendrían que irse al infierno en tropel y, aun así, no creo que nada cambiara en absoluto. Maldita sea.

Hoy, con todo, la malignidad del mundo exterior se ha hecho patente hasta en el rictus burlón y despreciativo de la vendedora de hortalizas. Cuando pago —porque siempre le pago lo que compro, ojalá reuniera la fuerza suficiente para enfrentarme con ella y no hacerlo— y me voy, cuchichea con la clientela —o mejor, cuchillea, porque tiene lengua larga y afilada como una navaja—, y todo para que luego me señale la gente por la calle. Y lo hacen, ya lo creo que lo hacen. Sin inhibirse. Y ponen caras de auténtico espanto, pero yo prefiero no inmutarme. Al fin y al cabo no deja de ser un dato anecdótico frente a los mil y un infortunios que se abaten cada día sobre mí. No tengo más que comprar la mercancía habitual en una tienda diferente cada vez y acabar así con el mareo que me provocan la murmuración y la sublevación moral del populacho, como diría Pablo. Pablo a quien quiero sepultar en el olvido en cuanto me sea posible. Pablo, un joven brillante y prometedor que escribía briosos alegatos denunciando la ola de puritanismo que nos invade en plena década de los ochenta. Pablo que no daba ni un duro por la castidad y la continencia y las buenas costumbres y las mayorías clamorosas y la evidencia y lo vulgar. Maldita sea su estampa. Se le estropeó el fuelle y huyó despavorido. Como todos. Auténtica moneda falsa.

Puedo decir, y hay un elevado porcentaje de veracidad en mis palabras, que abomino realmente a todo el mundo. He perdido el estado de gracia y toda posibilidad de recuperarlo en el futuro. Ayer soñé que un papel sucio, arrugado y lleno de mocos, me tiraba a la basura y se alejaba lanzando risas y chillidos alborozados. Se mire por donde se mire, y aun en el supuesto de que uno tenga muy buena fe y desee cambiar de ángulo visual y de perspectiva mental trescientas veces seguidas para estar seguro de formular un juicio perfectamente riguroso y lo más cercano posible a la objetividad, lo único que se puede decir es que resulta absolutamente desalentador, aunque sólo se trate de una experiencia onírica. Especialmente si la vida de uno en los últimos cuarenta o cincuenta días —no recuerdo la cifra exacta— se ha convertido en una experiencia puramente onírica.

Maldita sea. Maldito sea el día en que se me ocurrió que podía crear los climas adecuados, componerlos minuciosamente y tensar la trama y la urdimbre colocando amorosamente cada uno de los hilos, engarzando una a una las palabras y las frases como un mago riguroso y buen conocedor de las leyes que rigen su oficio. Y lo cierto es que he conseguido crear en torno a mí un clima climatérico, detumescente, como si una mano tersa y joven intentara reanimar a un puñado de miembros alicaídos y ajados y sus propósitos se estrellaran una y otra vez contra el muro invencible de la rebeldía pasiva. Sin manifestaciones ni pancartas reivindicativas, sin obedecer a consigna alguna. Un ejército de miembros alicaídos y ajados, ávidos de una jubilación temprana y sin tropiezos. Jubilarse del deseo y lanzarse a los brazos cómodos y bienhechores de un climaterio *avant la lettre*. Filas y filas de falos fláccidos donde no alienta ya el menor anhelo. Filas y filas de vulvas resecas y saturadas donde ningún visitante será ya bien recibido. Veteranos todos ellos de la Guerra de la Cochina.

Cochina, zorrita, ninfómana, mal educada. ¿Tendré que recordarte nuevamente que no debes tomar un dulce a menos que quien te lo ofrezca haya insistido cinco veces seguidas? ¿Tendré que decirte otra vez que no debes aceptar ninguna dádiva sin mostrar después un agradecimiento infinito?

En este mundo, y creo que ya es un poco tarde para que alguien intente probarme lo contrario, todo se reduce a una cuestión de cantidades. Cantidades que, en ocasiones, no son precisamente inabarcables. Ni compartidas universalmente.

Alejémonos de la pasión porque la pasión no es sino un atentado a nuestra integridad y al deseo de perseverancia en nuestro propio ser que alienta en todos nosotros.
Apartémonos del exceso, porque el exceso siempre es enfermizo. No olvidemos que bastó un solo acto sexual para que fuéramos concebidos.
Amén.

Abomino a todo el mundo, pero no puedo engañarme acerca de la naturaleza de mi aborrecimiento; sé que no es sino la respuesta desesperada y deliberadamente arrogante al abandono del que soy objeto. Objeto, insisto, nunca víctima. Todavía puedo mantener la cabeza alta y tratar por lo menos de ser elegante. Objeto de abandono, sí. Pero elegante y con la cabeza bien alta. No me inclino, no me inmuto.

Ojalá pudiera reunir la fuerza suficiente para decir a la vendedora de hortalizas que sus legumbres —dado el uso peculiar que les doy— son mil veces preferibles a esos falos, ensoberbecidos, pero por desgracia demasiado retráctiles, cuyos servicios me niego a mendigar. Si he perdido el estado de gracia, prefiero arrastrar mi nueva situación —delicada, eso sí, muy delicada— hasta sus últimas y más desastrosas consecuencias. Voy a ser profundamente abyecta, capaz de revolcarme en el fango sin dejar que salga a flote ni el más insignificante de mis miembros. Para ser hermosa, la abyección debería rechazar todo síntoma de debilidad. La única abyección que deseo para mí es terca y arrogante. Y siempre quiere más.

«Autismo» diagnosticó Pablo al alejarse de mí. «Peligroso», puntualizó poco antes de dar el portazo tras el cual nunca más he vuelto a verlo. Ni ganas, maldita sea. El ostracismo, la soledad, la burla y el escarnio callejeros, la maledicencia y la injusticia se me antojan mucho más benignos que la cobardía.

Todos mis amigos, hasta los más queridos, han desertado de la Guerra de la Cochina; yo no les había pedido más que un leve alivio a mis ardores. Un alivio, insisto, nunca veintisiete alivios. Ellos debieron imaginar auténticas junglas de alivios y decidieron guardar sus partes pudendas en la caja fuerte de un banco sólido y seguro en el que sólo una computadora insobornable conoce la combinación.

Hubo un tiempo —glorioso y casi olvidado pese a mi juventud— en que podía permitirme el lujo de ser selectiva y declinar insinuaciones eróticas poco sugerentes. Ahora, en cambio, me he convertido en la flamante propietaria de mil acres de tierra cuya generosidad me ofrece mensualmente una cosecha tan abundante de NOES que en un futuro muy próximo me veré obligada a comercializarlos. Vender rechazo de segunda mano. Rechazo de segunda mano para personas mal abastecidas, personas a las que nunca nadie ha dicho NO. Y aunque es posible que el negocio resultara ruinoso, los pocos individuos que se atrevieran a adquirir el género apreciarían sin duda alguna el valor educativo de la experiencia. Aprender. Esa es la razón por la que estamos aquí, torpemente existiendo: aprender. Y miserias, en general.

Cuando hace unos meses empecé a escribir el maldito libro de relatos, la vida no me había dado aún ningún signo revelador de su auténtica esencia : ahora sé que es lo más parecido que conozco a un anticlímax.

Me he quedado sin un solo amigo y ni siquiera eso es lo peor: olvidaré sus nombres con placer. El único abandono que me hiere realmente es el de quien —tal vez de una manera casual e irreflexiva— vaticinó la causa, la raíz de todos mis males y de cuanto había de acontecer: mi excomunión del grupo humano, tan finito y limitado en su humanidad que cualquier intento de hacer saltar los límites en pedazos es necesariamente inhumano y abyecto.

Autismo. Peligroso. Dos palabras que me martillean dolorosamente las sienes.

Separemos cuidadosamente nuestra vida de la literatura; asentémosla en territorios bien delimitados: las fronteras son ambiguas y peligrosas.
Amén.

Pero yo no he podido cumplir esa ley; no he sabido demarcar, ni divorciar, ni posteriormente asentar. Lo atestigua una agenda telefónica con un sinfín de tachaduras que desatan vínculos y sepultan afectos. Lo atestiguan mis pobres manos, tan temblorosas como las de una anciana afectada por la enfermedad de Parkinson, agarrotadas y rígidas, incapaces ya de ahondar en la técnica del sucedáneo y del autoabastecimiento. No puedo administrarme placer: la dosis necesaria es demasiado fuerte y mi cuerpo no ha hecho sino debilitarse a lo largo de estos meses febriles.

Vivir en la frontera es peligroso. Lo atestigua la sonrisa burlona de la vendedora de hortalizas y lo corrobora el hecho de que en mi basura haya tan sólo un montón de vituallas fálicas podridas y bañadas en olor a región sacra. Región sacra hastiada de berenjenas. Berenjenas erectas hasta en la podredumbre. Un espectáculo triste y grotesco: la promiscuidad de la vida y la literatura.

Muy a pesar mío, creo que voy a tener que dejar de escribir relatos eróticos.